Othmar Kopp · Kurt Lanthaler

Brenner.o

Othmar Kopp · Kurt Lanthaler

Brenner.o

GESCHICHTEN ÜBER DIE GRENZE

Tyrolia-Verlag · Innsbruck–Wien

 ATHESIAVERLAG

Inhaltsverzeichnis

Es ist der B. da an der Wasserscheide

Ein vorläufiger Essay von Kurt Lanthaler

Ganz schön alt und ehrwürdig. Und überhaupt

kann man, nurzu nurzu, es ruhig aussprechen: Eine Schönheit ist er wirklich nicht. Und das hat nichts mit Vergänglichkeit zu tun, wie bei uns Sterblichen. Sondern mit Bestand. Denn eine Schönheit war er nie, und wird er nie sein. Der Brenner. Wozu auch. Schönheit, zumal die angesagt glatte, notorisch plastik-jugendliche, wird chronisch überschätzt. (Selbst der Schauspieler Brenner, als Innsbrucker gezwungenermaßen ein Nachbar des anderen Brenner, war eher ein Charakterkopf als ein Beau. Zu unserem Glücke, übrigens.)

Und dem Brenner (dem unseren jetzt, dem hier in Rede stehenden) ist's ob seiner fraglichen Schönheit sowieso egal. Er ist da, war und wird sein: Das reicht ihm. Insofern gleicht er dem idealen Staatenlenker. Und wer von denen, die sich ewig wähnen, würd sich um Frisur, Doppelkinn oder sonst irgendeine andere übermäßige Prononcierung seines Charakterkopfes sonderlich kümmern? (Mal eben durchgezählt: Keiner. Eben.) So ist der Brenner Brenner und sonst nichts. Darin liegt, wenn, seine Würde. Womit man es dann auch schon belassen könnte. Aber.

Vom Sichentblättern, von den inneren Werten und davon, daß er

das, dann doch, der Brenner, auch ist: Was wir ihm geschrieben. Und zuschreiben. Und andichten. Und hier wird es haarig.

Denn ich muß, um auf unsre Zuschreibungen zu kommen, erst auf ein Etwas (*Cynara cardunculus*) abweichen, das sich nördlich *Artischocke* nennt und südlich *Carciofo*. (Und schon wieder liegt der B ziemlich gekonnt mittig zwischen A und C. Gelernt ist gelernt.) Denn es geht mir mit dem Carciofo, jedes Mal, wenn ich einen verspeise, – und ich spreche hier selbstredend nicht von jenen erbarmungswürdigen Wesen, die nackend in einer Mischung aus drittklassigem Samenöl und Ascorbin dahinvegetieren müssen, sondern den reellen, echten, stachligen wie haarigen Dingern, – jedes Mal also, wenn sich ein solcherner Carciofo und ich begegnen, geht mir durch den Kopf und steigt in mir, zeitgleich, aus den Darmzotten, wo ja der größere Teil unseres Hirns liegt, hoch, das Folgende: Ehr und Respekt und Ewiges Angedenk sei Euch, den Myriaden unsrer Vorfahrn in längst vergessnen Frühzeiten, die Ihr ein ums andre Mal Euch im leidsamen Trial-and-Error-Verfahren an Disteln versucht und gestochen, und versucht und verschluckt, und versucht und vergiftet, und trotzdem weiter versucht habt, bis Ihr endlich, die Überlebenden zumindest, fandet, im Entblättern, was unsereins heut mit Inbrunst, nachdem ein paar Schalen abgezogen, die inneren Werte freigelegt, das Herz offen daliegt, endlich isst: das A&C des Lebens, den Carciofo, die Artischocke.

Mit dem B nun, und darauf muß es hinaus, geht es mir in großen Teilen nicht anders. In so gut wie allen Fällen, in denen ich über den B ging (wie über den Jordan, auch das gehört dazu) im Lauf der Jahre, mal aus wenigen Kilometer per pedes anreisend, das andere, häufigere Mal, aus knappen Berliner tausend, ein jedes Mal neu, bei Tag wie bei Nacht, ob in dem alten Simca 1000, der spätestens auf dem Stich nach der Europabrücke erbarmungslos von Milchlastern niedergebrüllt wurde, obwohl längst höchsttourig im dritten Gang, oder in einem Zugabteil egal welcher Klasse, und immer wieder dieses stille Verwundern, dieses ungläubige Kopfschütteln des Ersten Reisenden, ob von Süd nach Nord oder von Nord nach Süd, da auf dem Weg die Täler hinan: Hier, beim besten Willen, geht's nicht mehr weiter. Hier – man bedenke: keine Online-Navigation vor tausenden von Jahren – hier: Ist ein End. Ist Schluß. Bis der eine – verrückte, wahnsinnige, visionäre, klein-kriminell flüchtende Träumer? – dann doch noch um *das* eine Eck, noch weiter durch die wüsten Klammen, der andere noch um *die* eine Schulter am Hang, bis am Ende dann einer und dann der andere den Brenner gefunden, wider besseres Wissen, den Brenner, diesen erstaunlich freundlich-niedrigen Einschnitt am Alp, und die beiden dann den Fund, das allerdings wesentlich für uns, endlich auch noch überlebt und weitergesagt, und, noch wesentlicher, auch geglaubt bekommen, und also Nachfolgende: und also seither Massenansturm und Mega-LKW-Stau.

Es ist also, der Brenner, wenn man so will, eben auch ein Beleg ehenso des menschlichen Genius wie der menschlichen Hybris. Oder, um es mit den Worten nicht ganz so gescheiterter Ökonomien wie der griechisch-lateinischen zu sagen: Es ist, der Brenner, wenn man so möcht, auch ein Gedenkstein für Vernunft wie Unvernunft. Und also: Mitten im Leben.

Auch wenn man das, manchmal, am Brenner, gar nicht so recht glauben möcht, mit dem MittenImLeben; wenn die aus dem Norden angereisten ChinaMarktBesucher sich zurückverzogen und, im Gegenzug, der EinkaufsZentrumsStau zurück in den Süden sich wieder verlaufen. Wenn sie leer wird, die Nacht. Und keiner mehr geblieben ist, bis auf ein paar Verlorene, und er selbst, der Brenner. Der, wie er sagt, wie man hört, auch nicht mehr wegmöcht. Allein schon wegen seiner Inneren Werte. Und nach all der Zeit.

Das aber mag – auch das kommt am Brenner ab und zu vor – nichts als gefühlsduseliger Pseudohistrionismus sein. (Falls hier wer auf einen Vertipper tippt: »Die histrionische Persönlichkeitsstörung (HPS) zeichnet sich durch egozentrisches und theatralisches Verhalten aus. Sie wird zu den Cluster-B-Persönlichkeitsstörungen gezählt.« Pseudohistorismus aber zählt, wenn man denn unbedingt möcht, dann doch auch. In beiden Fällen ist Ritalin kontraindiziert.

PS: Historiker sind wie Histrioniker nur schwer zu behandeln: Sie können ihre Sicht kaum, und wenn, dann nur langsam ändern; ihnen fehlt oftmals die nötige Einfalt. (So oder anders im Fachlexikon nachlesbar.)

In deutlich unverdächtigeren Zeiten aber, wenn auch nicht unbedingt

vor ewigen, ergab es sich, daß Anlaß zu einer Reimerei bestand. Nun könnt man sagen – man tut es kaum – daß *immer* Anlaß zu Reimerei besteht, und ich würde das sofort bestätigen, aber: Die Zeitenläufe. Sie sind nicht so. Am Brenner allerdings reimt sich das eine zum anderen, immer, und so auch dies:

Die Moritat vom Brennergeist

Es sind seit je die Moritaten
so saftig wie ein Schweinebraten.
Und so geht diese hier:

Ein Dutzend Höllen hab ich schon
durchschritten. Ein Dutzend Paradiese
ebenfalls. Und falls ich falle, sind es diese,
die zerbrechen, nicht mein Hals.
Ich bin der Brennergänger, bin der Brennergeist.
Geh über Grenzen. Treppen. Autobahn. Und übers Gleis.

Ein Dutzend Höllen und ein Dutzend Paradiese
das ist der Rosen Kranz aus hier und jetzt
und geh ich morgen auf die Reise, so
ist, ich weiß, mein Platz längst schon besetzt.
Bin der Brennergänger. Bin der Brennergeist.

Ich sah hier alles. Und ich hörte jedes Reden,
im Lauf der Zeit. Und Frieden
war und Krieg. Geschäft und Niedergang.
Und Durst und Hunger satt.
Ich immer mittenmang.

Dem einen hab die Nas ich langgezogen,
dem anderen ein Bein gestellt. Doch meist
sah ich nur zu. Dieweil die Welt vorüber reist
an mir, dem ewiglichen Brennergeist.
So weit der Mori Tat. Und jetzt behend
die Fahne hoch. Und dann ein End.

Etwas Geschichtsschreibung dann doch. Um nicht gänzlich ahistorisch

daherzukommen. »An die italienischen Ordnungskräfte. Zur Eröffnung des internationalen Künstlerprojektes *Niemandsland*
am Brenner am Freitag, den 1. August 1997 um 12 Uhr sind Sie
herzlich eingeladen.« So stand das auf der Einladung. Zwei
Stunden vor Eröffnung aber fand sich die erste Leiche. Halbe
Stunde später die zweite.
Das ist jetzt zwar alles ziemlich lange her und verjährt, und, wie
man gleich sehen wird, auch längst aufgeklärt, aber aus *einem*
Grund dann doch reichlich aufschlußreich: Wie sehr manche,
damals, in dieser ungewissen Übergangszeit, darunter gelitten
haben, daß diese vermeintlich ewige Grenze am Brenner mir-
nichts dirnichts sich auflösen, ins Nirgendwo verschwinden
solle. (Mag man sich heut kaum mehr vorstellen.)
Es zeigte sich am Ende: Ein ob der 1997 bevorstehenden
Grenzauflösung am Brenner seines Lebensinhaltes beraubt
sich meinender Verzollungsfachmann und italienischer Staats-
bürger des traditionsreichen Namens Speckbacher hatte zwei
der zwölf an dem Künstlerprojekt *Niemandsland* am Brenner
beteiligten Artisten kurzerhand umgelegt.
(Um die Wahrheit zu sagen: Kriminalpsychologisch wie kunst-
theoretisch durchaus auf sprechende Weise, aber das soll uns
hier nicht weiter interessieren. Die polizeilichen Protokolle, in
meiner Übersetzung aus dem Italienischen, klingen, zugegebe-
nermaßen, im Original noch etwas farbiger als wiedergegeben,
aber eine gewisse nüchterne Herangehensweise schien mir
angebracht. *A.d.Ü.)*
Fraglicher Speckbacher gab Folgendes anscheinend bei einem
Glas Teroldego zu Protokoll, die polizeiliche Befragung war also
eine, an internationalen Standards gemessen, ziemlich informelle.

Der historisch bewanderte Brennerkenner allerdings erkennt bereits anhand der Lokalität, in der sich die Befragung abspielte – dem *Dopolavoro Ferroviario* –, daß er es hier recht eigentlich mit einem nicht brenneruntypischen Trinkergespräch zu tun hat: in unserem Falle zwischen besagtem Speckbacher und dem Ispettore della Polizia di Stato Totò Palermo. Der protokolliert, sein »Interloquent« habe hiermit begonnen: »Und jetzt zum Wohl.«
Worauf er, sagen die Protokolle, erst einmal darauf hingewiesen wurde, er habe wennschon zuallererst seinen Namen anzugeben. »Speckbacher«, so die Protokolle weiter, habe er gesagt, und: »Zwanzig Jahre. Zwanzig Jahre Fachmann für Spedition und Grenzabfertigung. Am Brenner. Bei jedem Wetter. Als ob's verschiedne gäbe, hier. Also bei jedem Sauwetter. Zwanzig Jahre Carnets, Zollvorschriften, Gesetze, EG-Bestimmungen, Quoten, Artenschutzabkommen: Ich kenne alles und kann jede Zeile auswendig. Ich weiß, was wie rein und wo raus darf. Ist keiner besser als ich. Und das war kein einfacher Job, jede Woche neue Bestimmungen, Transporte durch vier Länder, fünf Währungen, acht Durchschläge. Das soll mir einer nachmachen.«
Ein gekränkter Bürokrat, möcht man meinen. Wie es sich herausstellte: Er war ein im Grenzlerherz verletzter Liebhaber.
»Und jetzt der Grenzabbau. Freier Durchgang. Freier Warenaustausch. Ich häng mich auf.«
Dann habe er, nach einem letzten Schluck, sein Weinglas an die Wand geschmissen.
»Der Brenner stirbt«, habe er dann doch noch gesagt, steht in den Protokollen, »die Grenze ist weg, und so wie es war, wird es nicht mehr sein. Dafür kommen dann diese komischen Künstler, sie kommen ungefragt aus AllerHerrenLänder hier an den Brenner und machen sich auch noch einen Jux daraus. Auf der einen und der anderen Seite der Grenze, die es demnächst nicht mehr gibt, und tun, als ob nichts wär, die Hund, als ob sie nie dagewesen wäre, die Grenze, turnen herum und stellen ihre Kunstdinger auf, wochenlang. Keine Achtung vor der Grenze, keine Ahnung vom Niemandsland. Und schon gar keinen Respekt vorm Brenner.«
Den Akten ist übrigens zu entnehmen, daß Speckbacher auch im weiteren Procedere vollkommen uneinsichtig geblieben ist. Er verstarb vor nicht allzulanger Zeit in Haft, in seiner Hinterlassenschaft fanden sich eine Reihe von Zeitungsausschnitten, obenauf eine Meldung aus dem Jahre 2017, am Brenner wolle man Panzer stationieren.

Zurück zur schnöden Wirklichkeit: Es hat ein jeder am Brenner sein Museum

und es trägt, obwohl leider dem Publikum gänzlich unbekannt, einen schönen Namen: *Das Museum der 27 Minuten.* Das erschließt sich jetzt vielleicht nicht sofort, und wer den Brenner nicht kennt, mag vermuten, es läge daran und also an ihm, aber er kann beruhigt werden: Es liegt an unserer eingeschränkten Weltsicht, der drei Dimensionen gemeinhin schon zu komplex sind. Was also sollen unsere Synapsen erst mit 27 Dimensionen anfangen.
Und trotzdem ist es so. Es hat ein jeder, der auch nur einmal am Brenner war, übern Brenner, durch den Brenner, mit oder ohne Anhalt, ein jeder hat, unter dieser Grundvoraussetzung, am Brenner seine 27 Minuten, und diese 27 Minuten eines jeden Brennerreisenden haben ein Museum: *Das Museum der 27 Minuten.* Betrifft also eine Menge Leute. Das Museum befindet sich hinter einem Etwas, das man »Geheimtür« nennen könnte, im *sottopassaggio* des Bahnhofs Brenner.
Das muß man, zugegeben, erstmal glauben. Man könnte es sich sehr wohl auch computieren, es interpolieren aus den Daten der

je eigenen Biographie respektive deren Brenneranteil, aber (... folgt Lament über den Niedergang des Bildungssystems sowie der Welt, westlich, im Allgemeinen). Man könnte allerdings auch einfach nachsehen. Aber, zugegeben, die Bahnhofsunterführung am Brenner ist jetzt, auf den ersten Blick, nicht unbedingt der Ort, an den man seine nächste Bildungsreise machen möcht. Kein Moma, kein Tate. Wie man sich irren kann.

Ich selbst stieß durch Zufall oder besser: infolge eines akuten Schwächeanfalles und völlig übernächtigt wg eines prolongierten Arbeitseinsatzes an der Lyrischen Werkbank bereits vor geraumer Zeit auf *Das Museum der 27 Minuten* und notierte mir daraufhin, in einem damals evtl. noch etwas poetischeren Ton: Ich kenne diesen Grenzbahnhof noch aus alten Zeiten, denen meiner Jugend, war dazumal zeitweis wöchentlich zu Gast gewesen, und es war jedes Mal, auch bei späteren, beruflichen Übergängen, dasselbe: abträglichstes Wetter, ein sogutwie ewiger Aufenthalt zur Abwicklung polizeilicher sowie zoll- und stromtechnischer Geheimrituale, und der Barista von Gleis 7 mit den flaschenbodendicken Brillen, dem Karren und vor allem den quer über den Bahnhof schallenden Rufen: *Pannini! ... Chochachola, Arrranciata, Limonattta, Pannini!* Ein Grenzstreifen wie ein verwunschenes Land, *il paese delle meraviglie, e pure incantato.* War einmal, war gewesen.

Und doch treiben die Klänge noch übers Gleis, als ich aus dem Zug steige. Siebenundzwanzig Minuten Aufenthalt. Zeit und Gelegenheit, einem alten Rennradfahrer samt Gefährt beim Aussteigen zu helfen, und eine Runde zu drehen. Füße vertreten. Kopf wachbekommen. So der Plan. So das Vorhaben.

Dann ging ich durch die Unterführung. Und es nahm der feuchtklamme Gang kein Ende, als dehnte er sich bei jedem meiner Schritte weiter aus; da überholte mich, heftig in die Pedale tre-

tend, der Alte, und entschwand, und verschwand doch nicht gänzlich aus meinem Gesichtsfeld, als führe die Etappe heut durch einen nichtendenwollenden Tunnel, das sirrende Geräusch der Kette aber wurde immer deutlicher. Ich hielt das für eine kleine Kreislaufschwäche und will mich an die Unterführungswand lehnen. Die aber gibt nach.

Mir ist, als hörte ich Türangelquietschen zwischen den *Pannini!*-Rufen, stehe in einem weiteren, ebenfalls klammfeuchten Gang, sehe Schaukästen, Vitrinen der Wand entlang, in diesem Lowtech-Stil, wie er zur Zeit bei Ausstellungsmachern so beliebt ist, gehe, soviel Berufsethos ist noch in mir, die Schaukästen ab, finde darinnen nichts als mich selbst, in jedem der unzähligen Kästen einer meiner Siebenundzwanzigminutenaufenthalte, fein säuberlich, gleichwohl unchronologisch gereiht, die Logik erschließt sich mir noch nicht, die Zeit läuft in blassen Zahlen bläulichdigital mit; ich im Schlafen, Rauchen, beim Imgangstehen, zeitungskaufend, *caffè al banco,* gar das eine arg verliebte und erregte Mal hinter der Säule am *Binario tronco,* samt den rundum wehenden roten Haaren: all das in leicht verlangsamten Bewegungen und in Farben wie aus Technicolorzeiten. Was nun die tatsächliche temporale Dimension arg übertreibt. (Könnte aber auch der späte DDR-ORWO-Farbton sein, dann stimmten die Relationen wenigstens zeitlich wieder.) Ich weiß, wie ich die Schaukästen so abgehe, daß ich nicht weiß, was ich da sehe. Noch bin ich an keinem Ende. An einem Anfang auch nicht.

Soweit das Notat. Später stellte sich heraus: Das Museum ist nur einmal monatlich geöffnet. An jedem 27sten. Für 27 Minuten. Hatte ich, in meinem Unwissen, Glück gehabt.

(Eine Unterform des 27Minüters ist übrigens der 3½Stünder bei Cousin Vetter. Aber das ist jetzt wirklich eine Sache für Eingeweihte. Und soll es auch bleiben. Mir hat es sich nie so recht erschlossen. Man muß dazu, nehme ich an, Innsbrucker sein. Oder so.)

Es ist ja immer auch die Frage, wie man an eine Grenze herankommt

und mir ist heute, als wäre das der eigentliche Faden in obigem Museum. Und insofern am Brenner. Wobei ich mich auch täuschen kann. Noch ist es nicht raus.

Zumal ich, wie ich diese Zeilen schreibe, in der Nähe von Thessaloniki sitze, Nordgriechenland, und sitze gut, und sitze grad mal so weit von der Grenze von Bulgarien, als säße ich in Bozen vom Brenner. (All die Bees. Was man in Griechisch als *All die Vitas* aussprächse. All die Leben.)

Und wie ich so sitze und schreibe, kommt mir mein letzter Besuch dort an der Grenze in den Sinn, und was mir dabei in den Sinn gekommen war. (Neben der Erinnerung daran, wie ich Vertretern der Gemeinde Brenner im Gossensaßer Gasthaus »Schuster« mit Genuß – und etwas Perfidie, ich geb's zu – von dem damals kurz zurückliegenden Besuch des blühenden Outlet-Centers am griechisch-bulgarischen Grenzpaß erzählen konnte; zu Zeiten, als man zukunftsgestalterisch im Gasthaus beim Glase noch bangte, ob die Baugenehmigung für das Outlet am Brenner überhaupt je käme.)

Beeindruckender, weitaus, ist allerdings das Bild, das ich notgedrungenermaßen nur in meinem Kopf herstellen kann: Von der jungen Frau, einer Pastorentochter der DDR, als FDJ-Mitglied im Leitungskader durchaus reisefähig, halt eben innert der Grenzen der Bekannten Welt – und also bis exakt an die bulgarisch-griechische Grenze, und keinen Schritt weiter gen Süden. Obwohl man von diesem Grenzübergang (des Namens Кулата / Προμαχώνας), der durchaus an den Brenner erinnert, auch we-

gen seiner durch und durch militärischen Restluft, man von diesem Paß aus den Süden gerade eben, wenn man sich sehr anstrengt, erahnen kann. Meint: Am Brennerschlagbaum stehend eine Ahnung von den venezianischen Lagunen. Aber mehr auch nicht. Es bedarf einiges Imaginierens. Einerseits. Andererseits: Es ist unverschiebbares Wissen. Darum, daß da, hinterm nächsten Eck, etwas ist. Etwas Großes. Nie Gesehenes. Das man sehen könnt, dürfte man. Darf man aber nicht. Und also steht man, in diesem Fall die junge Frau Angela und spätere Merkel, und steht, Ἀριστοφάνης und Θουκυδίδης im Kopf, und kann nicht anders, als stehen, als Pastörkentochter und Kulturreferentin einer FDJ-Gruppe. Denn mehr ist nicht mehr, an dieser Grenze, absehbar, fürs Erste. Und auf Weiteres. Mag jeder bleiben wo er ist.

(An selbigem Paß standen übrigens auch, mit ebensolchem inbrünstigen Bildungswissen über das Hellenentum vor ihnen, ein paar Jahre früher deutsche Gebirgsjäger. Die Kavallerie folgte später, und residierte in Thessaloniki. Und dann in der Hofburg.)

Mir kommt, fahr ich seit diesem Tag an dem bulgarisch-griechischen Pass, wieder einmal, selten genug, übern Brenner, das Bild der jungen Frau je jäh in den Kopf.

Und dann doch auch das einer weiteren Frau, nicht ganz so jung, aber immer noch jünger als zu der Zeit, als sie meine Großmutter wurde.

Was auch immer man vom Brenner möcht, meine Großmutter hat es

bekommen. (Einer der führenden Weinmacher des südlichen Tirols auch, vor vielen Jahren, als er mich nach einer werbenden Veranstaltung übern Brenner wieder genItalien fuhr: Etablissement paar Meter vor der Grenze, rechts ran, ich schätz mal, er hat hundert Euro in Schillingen bezahlt für die Zeit, in der ich ein halbes Bier trank. Immerhin mal was anderes als immer die vergessnen SüdSchützenFahnen in den Innsbrucker Etablissements.)

Meine Großmutter aber, um zum Eigentlichen zu kommen, ist nie über den Brenner. Und trank in meiner frühen Kindheit gern Vermouth. Den italienischen. So did I. (Und die Bars der Bischofsstadt, später, betrat sie winters fürsorglich nur mit einer Kleinflasche italischen Rhums namens *Fantasia* in der Handtasche. Dazu GrauTee bestellt. Dem *StrohRum* aber, der dazumals ein beliebtes BrennerSchmuggelGut aus Österreich war, war sie garnicht zugetan. So scheiden sich die Völker.) Nun muß man aber auch wissen, daß meine Großmutter Rosalia Clara vereh. Frontull ganz offensichtlich Teil jener südlich des Brenners versprengt noch siedelnden Ureinwohner des Landes war, die den Stammesnamen der Ladiner tragen (wissenschaftlich: Rätoromanen, und auf Deutschsüdtirolerisch, also im Schargong der Invasoren: Krautwalsche). Soviel dazu. Und zu meinem Ahnenpaß. Weil wir's grad von Pässen haben: Ich habe seit zwei Dutzend Jahren zudem eine gute Chance auf einen griechischen Paß. Sieht mir zur Zeit ganz danach aus, als würd ich ihn nunmehr umgehend wie dankend annehmen und mir ans Revers heften. Zusammen mit dem italienischen wär's das dann aber auch gewesen, für mich, mit den Pässen. Auch mit dem Brenner.)

Großmutter Rosalia ist nie *auf* den Brenner, noch ist sie je *über* den Brennerpaß, wie gesagt. Aber sie kam ihm, ist schon länger her, regelmäßig nahe. In Brennerbad. Das war, zu ihrer Zeit, zumal als ganzjährig schuftende Fabriksarbeiterehefrau, eine valide Variante, einzweimal im Jahr für günstig Geld, wenn auch nicht wirklich gratis, eineinhalb Tage frei zu haben, und: warm zu baden. Was man sich als nachgerade ausufernden Luxus vorzustellen hat. (Gekocht wurde auf Zimmer. Mitgebrachtes, gemeinsam.)

Heut aber ist Brennerbad ein Loch, ein finstres, ganzjährig kaltes. Der Rosalia war das Brennerbad ein warmes Leuchten am nördlichen Rande ihrer Welt. Gen Süden kam sie, siehe Goethe, bis Rom. Für zwei Jahre. Also länger als der Geheime Rath. Auch hatte sie ihr Geschlechtsleben, anders als der, bereits vor Rom entdeckt. Dafür den Brenner nie überschritten. Weswegen folgerichtig dorten auch keine Steintafel davon zeugt.

(Obwohl: Vielleicht investier ich dann doch eines Tages, also z. B. morgen, mein lyrisch angehäuftes Kleinvermögen in eine Marmorstele, auf der, grenzgenau, zu stehen käme: *Hier, an diesem Brennerpaß, kam Rosalia Clara in Frontull nie vorbei. Sie lebte bis zuletzt ein freudvoll erfülltes Leben. An der Grenze dessen, was sie sich leisten konnte. Nicht jeder hat soviel Glück.*)

Zu einer möglichen Logik der Grenze aber

können die Rätoromanen, deren Rosalia es aus dem Val Badia nur bis Brennerbad geschafft hat, aus historischer Erfahrung durchaus etwas beitragen.

Alles beginnt wie im ItaloWestern. Wir schreiben das Jahr 1487, die Signoria schickt Söldner nach Mareo, ins Ladinische, ein kleines Dorf an der äußersten Nordgrenze des Rätoromanischen. Der Söldnerführer heißt Giustiniano Mauroceno, sein Trupp ist eine wilde Mischung aus furlan/friulanischen Savorgnani und Stratioten. Στρατιώτοι aber sind, zumal im fraglichen Jahr 1487, dem osmanischen Heer entlaufene griechische Sol-

daten, Stratioten eben, die, da das Osmanische Reich sich mal
wieder im Krieg mit der Signoria di Venezia befindet, nichts als
flink die Seiten gewechselt haben und nun von Venezia statt
von Stambul aus für Ruhe an den Grenzen sorgen.
Die Söldner schneiden zweiundvierzig Dorfbewohnern Mareos,
also der relativen Mehrheit, die Köpfe ab. Und spielen Fußball
damit.
Beim nächsten Mal allerdings, Jahre später, laufen die Söldner-
Stratioten in eine (Abseits-) Falle der Ladiner. Die töten daraufhin alle Söldner bis auf einen; nur um diesen dann, nachdem er
davon genesen, daß man ihm ebenso absichtsvoll wie chirur-
gisch sauber eine Nase, ein Ohr, eine Hand abgeschnitten und
ein Auge ausgeschabt hat, den Venezianern mit besten Grü-
ßen zurückzuschicken.

Και μερικοί έφθασαν απ' τα σύνορα,
και είπανε πως βάρβαροι πια δεν υπάρχουν.

– – –

Και τώρα τι θα γένουμε χωρίς βαρβάρους.
Οι άνθρωποι αυτοί ήσαν μια κάποια λύσις.
    Konstantinos Kafavis, Warten auf die Barbaren. 1904
   (in Alexandria – Ἀλεξάνδρεια – الإسكندرية, al-Iskandariyya –,
    der ehemaligen Welthauptstadt der Bücher, geschrieben)

Da sind welche von der Grenze gekommen
Und haben berichtet, da gäb es keine Barbaren mehr.

 —

Und nun, was sollen wir ohne Barbaren tun?
Diese Menschen waren immerhin eine Lösung.
Und jetzt die Frage: Ist der Brenner eine Grenze? Wenn ja:
Wohin? Woher? Wozu?

Abschließend gutachterliche Diagnose zum Zwecke der Feststellung

der Geschäftsfähigkeit: Patient B. läßt sich, trotz all der von
außen kommenden Bemühungen über die Äonen, leider un-
gern festschreiben. Weswegen er auch, hin und her lavierend,
alles tut, um jedem zu gehören. Und doch nur nichts als bei
sich zu sein. Also zelebriert er eine so gut wie selbstlose Be-
liebigkeit samt hypertrophierendem Ego. Hierorts wird empfoh-
len, Pat. weiter unter fürsorgerlicher Beobachtung zu halten.

Der Brenner kommt recht oft und gern so grau daher

und tut, als sei das Sache
Dabei, das weiß der Brenner eh
ist Grienen eher seine Mache
Nur merkt das keiner, es sei
denn, daß die Erde bebe
Dann sagt der Brenner
  Ich war das nicht. Ich schwebe
  – und ich werf auch nicht mit Essen –
  ganz über diesen Dingen
  und bin ansonsten gänzlich selbstvergessen
Dann lächelt er, der Brenner
und er nickt und weiß
Nur wirklich große Kenner
reisen unverreist

Brenner.o Grenzbetrachtung in Bildern

Ganzjährig eine Minute vor zwölf

Next stop: Brenner – Brennero

Stellwerk

Brennerhalt – Warten auf die Weiterfahrt

Blick auf die Gleise

Bahnsteig 7

Wartende auf Bahnsteig

Schattenspiel am Bahnsteigvorplatz

Bahnhofsunterführung – sottopassaggio

Bahnhof Brenner – Architekt: Angiolo Mazzoni

Karl-von-Etzel-Straße

Benvenuti a tavola

Tresen der Bahnhofsbar am Brenner

Einkehr am Brenner

Anguilotti

Stillleben

Stillleben

Cappuccino, Caffe, Imbiss

Table Dance

Ehemaliger Bauernhof Kerschbaumer

Blick nach Österreich

Blick nach Italien

Blick ins Zentrum Brenner

Kapelle Maria zum guten Rate, ehemaliger Bildstock

Sicht vom ehemaligen Bildstock auf den Bauernhof am Griesberg

Übernachtung am Brenner

St.-Valentins-Kirche bei Nacht

Remise bei Nacht

Remise am Morgen

Sockel der Fahnenstange vor dem Bahnhof

Weidenröschen

Via S. Valentino – St.-Valentins-Straße

Wohnen am Brenner

Straßenmeisterei

Pronto

Buon giorno

Eisenbahnerwohnhaus

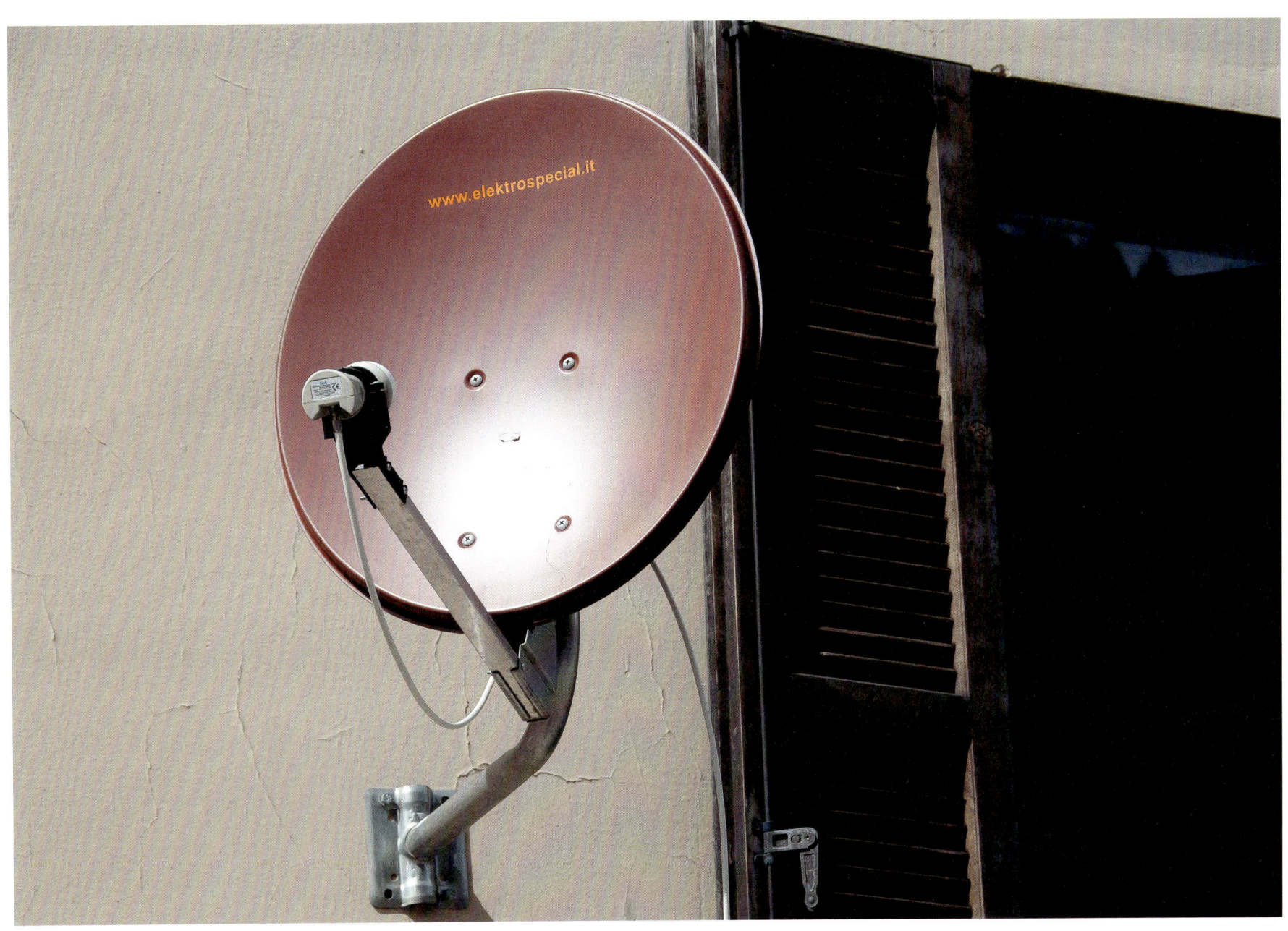

Verbindung zur Welt

Ehemaliges Hotel Post

Immer noch bewohnt

Grabkreuz am Friedhof St. Valentin

Friedhof St. Valentin – Zum Andenken an …

Telefono

Italienische Polizeistation

Polizia Stradale

Hoffnung – speranza

Pfarrkirche Maria am Wege 1964
Chiesa parrocchiale:
Madonna della Strada 1964

Madonna della Strada

Madonna Gigli

Euro Spin

Letzter Straßen-Marktstand im Ort

Brennermarkt von oben

Brennermarkt

Marktware

Südtiroler Schmankerl

Waren aus aller Welt

Falls ein Regen kommt

Einladung zur Rast

Salumeria e Ducati

Mit Motorrädern über den Pass

Rolls-Royce am Marktplatz

Rolls-Royce aufpoliert

Französische Matras auf der Via Karl von Etzel

Ford Mustang

Brennersee

Brennersee

Bunker

Wasserscheide – Eisack

Wasserscheide – Sill

Grenzstein – Cippo seit 1921

Autobahn auf der Höhe Schelleberg

Historischer Ort – Brennerbad

Ehemalige Eisenbahnstation Moncucco – Schelleberg

Radweg Brenner – Verona

Zugfahrt nach Gossensaß

Tagblatt der Südtiroler

Bahnhof Gossensaß

Kaiser Franz Joseph – Markterhebung von Gossensaß 1908

Autobahn über Gossensaß

Garten des Palasthotels

Gossensaß – Innenansicht Palasthotel

Ausgestellte Ducati

Via Roma – Romstraße

Blick auf Gossensaß

Lieblingsplatz von Henrik Ibsen am Eisack, während der Sommerfrische in Gossensaß

Gedenkstätte in Gossensaß für die Gefallenen an der Dolomitenfront im Ersten Weltkrieg

St. Anton – Innerpflersch – Comune di Brennero seit 1930

Blick vom Friedhof St. Anton Richtung Tribulaun

Pflerscher Tribulaun,, 3097 m

Zurück an der Grenze – Grenzstrich Brennerpass

27 Geschichten über die Grenze

Johann Wolfgang von Goethe
Jahrestemperatur 4,9 Grad Celsius

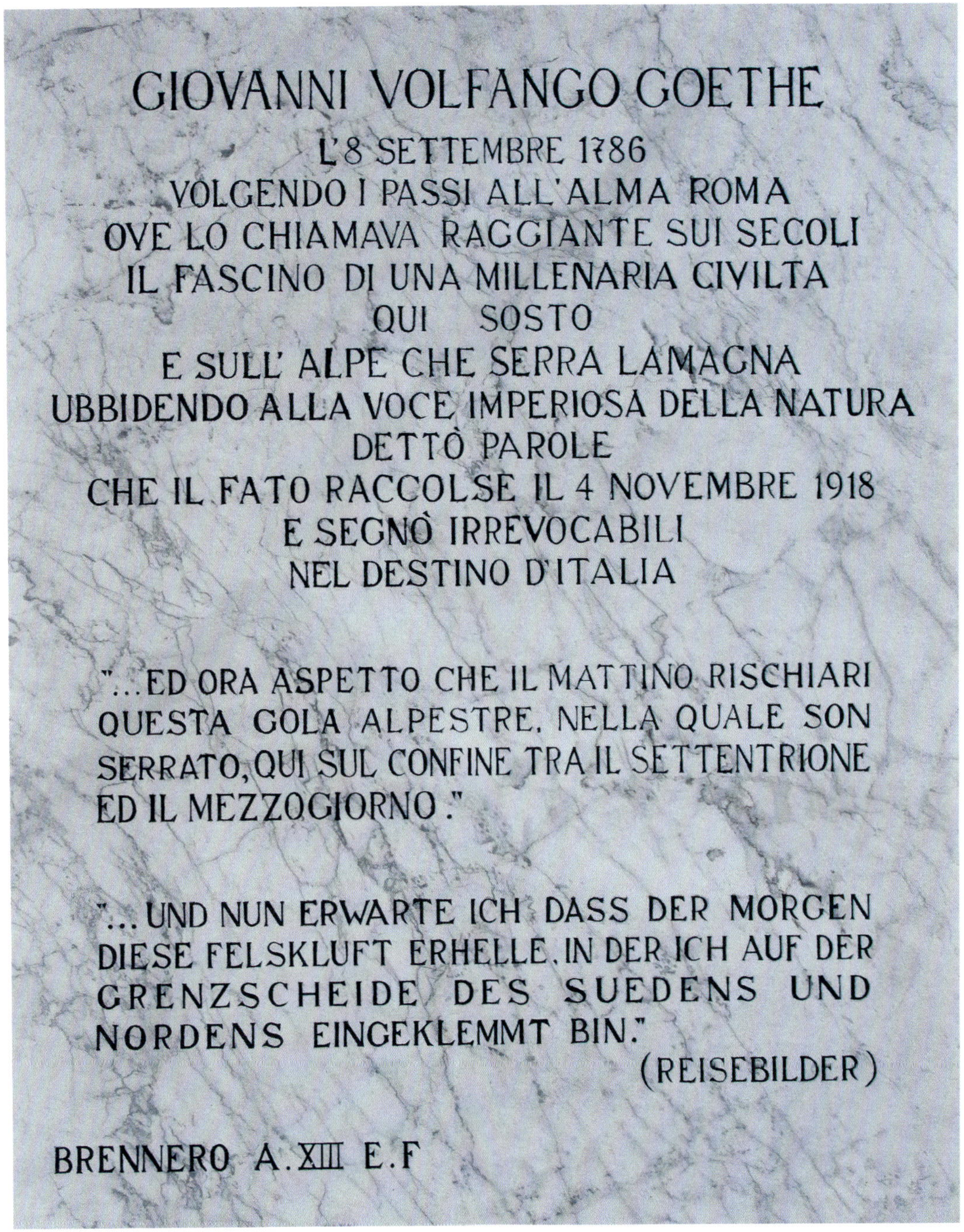

GIOVANNI VOLFANGO GOETHE

L'8 SETTEMBRE 1786
VOLGENDO I PASSI ALL'ALMA ROMA
OVE LO CHIAMAVA RAGGIANTE SUI SECOLI
IL FASCINO DI UNA MILLENARIA CIVILTA
QUI   SOSTO
E SULL' ALPE CHE SERRA LAMAGNA
UBBIDENDO ALLA VOCE IMPERIOSA DELLA NATURA
DETTÒ PAROLE
CHE IL FATO RACCOLSE IL 4 NOVEMBRE 1918
E SEGNÒ IRREVOCABILI
NEL DESTINO D'ITALIA

"...ED ORA ASPETTO CHE IL MATTINO RISCHIARI
QUESTA GOLA ALPESTRE, NELLA QUALE SON
SERRATO, QUI SUL CONFINE TRA IL SETTENTRIONE
ED IL MEZZOGIORNO."

"... UND NUN ERWARTE ICH DASS DER MORGEN
DIESE FELSKLUFT ERHELLE, IN DER ICH AUF DER
GRENZSCHEIDE DES SUEDENS UND
NORDENS EINGEKLEMMT BIN."

(REISEBILDER)

BRENNERO A. XIII E.F

Johann Wolfgang von Goethe, Weimar

Eiskalt am Brenner

Othmar Kopp

Mamma Mia

Am 14. Jänner 2015 fuhr ich mit meinem Jugendfreund Manfred auf den Brenner (eine Art „Brenner-Jause", Nostalgie-Reise). Auf der Heimfahrt mit dem Zug fiel mir meine Mutter ein, mit ihrer Vorliebe für Anguilotti, eine Art Kanalfisch (Aal) und eine Spezialität, die für uns nur am Brenner erhältlich war. Mein Beweggrund, am 22.01.15, am Todestag meiner Mutter, neuerlich auf den Brenner zu reisen, war das Gedenken an sie und ihre außergewöhnliche Leidenschaft. Diesmal mit Kamera.

Es drängte sich mir die Frage auf: „Was bewegt immer noch so viele TirolerInnen, Tagesausflüge auf den Brenner zu unternehmen?"

Ich wollte es wissen und beschloss: „Ich mache ein fotografisches Projekt über den Brenner und die Brennerjausen-Geschichten." Es war mir wichtig, mein Vorhaben an diesem besonderen Tag zu beginnen.

Es hatte sehr viel Schnee und war sehr kalt, es waren keine Leute zu sehen. Ich hatte das Gefühl, ich bin allein an diesem Ort. Ich war fasziniert, was sich so alles fotografisch bot. Stunden nahm ich niemanden um mich wahr und meine persönlichen Brennergeschichten flammten in meinem Kopf wieder auf.

Meine Mutter Emma hätte auch so gerne Waren, Klamotten, Lebensmittel etc. ge-schmuggelt, aber sie scheiterte immer kläglich an ihrem Nervenkostüm.

Denn kaum erblickte sie einen Zöllner, war ihre Schmuggelleidenschaft schon wieder vorbei, nun wurde es nur mehr zum Stressfaktor. Alle Waren wurden brav auf den Zollamtstisch gestellt und sie hoffte auf die Milde des Zöllners. Ich erinnere mich noch an viele Erzählungen der damaligen Zeit: Im Hotel Post einzukehren war für viele BrennerbesucherInnen ein absolutes Muss.

Meine Schwester Lotte, schon als Kind extrem, schrie in diesem besagten Lokal derart in ihrem Kinderwagen, dass meine Eltern des Lokals verwiesen wurden.

Eine schöne Erinnerung ist auch noch die Reise mit meinem großen Bruder Edgar und meiner Schwägerin Irmgard ans Meer nach Cavi/Liguria. Ich war damals 10 Jahre alt und fasziniert von diesem Abenteuer. Wir fuhren mit dem vollbepackten Fiat 600 meines Bruders in der Nacht über den Brenner Richtung Meer. Die Fahrt war spannend: orange Beleuchtung auf der Autostrada, Raststationen, an denen wir immer vorbeifuhren, da mein Bruder durchfahren wollte. Aber das ersehnte Ziel war es wert.

Spannend war auch die Reise mit meinem Cousin Dieter nach Venedig. Wir stiegen in den berühmten 1:42er-Zug Richtung Venedig über den Brenner.

Das Geld war knapp und so suchten wir in Venedig nicht lange nach einem Hotel oder einem Zimmer. Wir beschlossen irgendwo zu schlafen. Die erste Nacht verbrachten wir auf einem Friedhof, die nächste auf einem Marktplatz auf Sperrmüllbetten (Drahtgestelle ohne Matratzen). Nach drei Tagen, fast verwahrlost, hatten wir gerade noch Geld für die Fahrkarte auf den Brenner. Im Zug hatte es an die 30 bis 35 Grad Celsius, alle Fenster waren geöffnet und das ungestüme Flattern der Vorhänge sehe ich heute noch vor mir.

Am Brenner angekommen, trauten wir unseren Augen nicht, es war Hochsommer, und siehe da, es hatte 10 cm Neuschnee!

Vom Bahnhof bis zur Grenze war es in unseren Espandrillos ein beschwerlicher Weg. Bei unserer Geldknappheit mussten wir Autostoppen. Trotz unserer misslichen Lage waren wir noch zu Späßen aufgelegt. Um 16:00 Uhr am Brenner angekommen, sagten wir uns: Um 19:00 Uhr sind wir in Innsbruck! Und es war tatsächlich so, da uns schließlich der Trafikant des Innsbrucker Bahnhofs mitnahm, und der musste seinen Laden um 19:00 Uhr aufsperren!

Glück oder Bestimmung? Non lo so!

Othmar Kopp, Innsbruck

Eine besondere Brenner-Spezialität: „Anguilotti"

Manfred Breitenlechner

Brenner.o – Spaghetti wie immer

Der Brennerpass markiert die politische Grenze zwischen Österreich und Italien, hart gesagt, eine von den Italienern erschlichene Grenze als Siegespfand im Ersten Weltkrieg. Er ist die Wasserscheide zwischen Adria und Schwarzem Meer.

Am italienischen Ort Brenner locken die Ferne, der Süden, Italien mit viel Sonne und seiner traditionellen Kultur. Am Bahnhof erfolgen die Durchsagen in den Lautsprechern in Deutsch und Italienisch, die Gedanken und Erwartungen wandern bis Sizilien, die Fantasie wird angeregt von fremdem Geschmack und fremden Gerüchen.

Schlendert man in der Gegenwart durch den Ort, kann man sich die vormalige Lebendigkeit und Buntheit dieses Straßendorfes kaum mehr vorstellen. Vor dem Bau der Autobahn ging der Verkehr zur Gänze durch diesen Flaschenhals. Vor der EU-Grenzöffnung empfingen einen die geschlossenen, rot-weiß-rot gestreiften Schlagbäume, in den Zollhäuschen wachten mit Amtsmiene die Zollbediensteten, halt Staatsgrenze! Der Einkauf erfolgte in Lire. Es gab Ware, die Innsbruck nicht zu bieten hatte, weder in Qualität noch Design, noch Preis. Die Auswahl an italienischen Weinen und Lebensmitteln, an italienischer Kleidung und Schuhen war vielfältig.

Da werden Jugenderinnerungen wach. Das Geld war knapp, essen gehen nicht drinnen. Finanzierbar waren der Frizzantino, ein leichtsüffiger Weißwein, und der Lambrusco, dasselbe in Rot, sie versprachen die ersten genussvollen Räusche. Lederstiefeletten machten aus Halbwüchsigen lässige Haberer, eng taillierte Hemden und Jeans im Glockenschnitt trugen das ihrige bei. Im Eifer des Gefechtes wurde der Reisepass vergessen und zwei Jugendfreunde auf italienischer Seite ohne Ausweis aufgegriffen. Allgemeine Aufregung und die Mitnahme auf die Carabinieri-Station folgten. Der amtliche Anruf zuhause entspannte die Situation, beide Väter im Dienststande der Polizei, die Heimreise wurde unter Ermahnungen straflos zugestanden.

Heute ist am Brenner ein wirtschaftlicher Niedergang deutlich zu bemerken, viele Gebäude stehen leer, blinde Scheiben, geschlossene Fensterbalken, desolate Gebäude, Schilder, die Immobilien zum Verkauf anbieten, ausgesiedelte Geschäfte. Die Wanderung durch den Ort, begleitet vom stets kalten Wind, führt einem das nüchtern vor Augen. Immer noch vorzüglich ist die Brennerjause. Nirgends sonst als im Olimpia oder Dopo Lavoro gibt es diese Spaghetti-Mahlzeit, mit Parmesan, Weißbrot, Wein/Spuma und am Schluss einen italienischen Espresso. Die Zeit stehen blieb in der Bahnhof-Resti, rauchen, trinken, Typen taxieren, Frauen schauen.

Wenn möglich mit Freunden, mit anderen Nahestehenden und sonst solo, eine Erinnerungsfahrt auf den Brenner ist keine vertane Zeit.

Ciao Brennero!

Manfred Breitenlechner, Rum

Spaghetti wie immer

Gerlinde Kopp

Die letzte Ausfahrt

In meiner Kindheit war der Brenner für mich das Tor zum Süden, das Tor zur weiten Welt – mit vielen Verheißungen und seltenen Genüssen wie Orangen, türkischem Honig (noch die harte Sorte, die oft in den Zähnen oder am Gaumen weh tat und trotzdem soooo süß und gut war), mit Kränzen aus getrockneten Feigen, Erdnüssen … und mit Marktstandln, wo's allerlei ungewöhnliche Dinge gab; und dann die großen bauchigen Bastflaschen mit Chianti-Wein für die Erwachsenen, der für gute Stimmung sorgte, die Mortadella mit dem wunderbaren Geruch und den herrlichen weichen, weißen Broten. Mmmmh, mir läuft noch heute das Wasser im Mund zusammen! Ich glaube, wir waren anfangs mit dem kleinen Familien-Fiat unterwegs.

Als Teenager hingegen bedeutete der Brenner modische Neuigkeiten, schöne Schuhe, Taschen – und dann das Ersinnen von komplizierten Taktiken, um mit unseren erworbenen Schätzen durch den Zoll zu kommen, das Herzklopfen vorm Zöllner, der meistens ein Auge zudrückte, und anschließend die Freude über den geglückten „Schmuggel"; damals sind wir schon mit dem VW-Käfer aus der Verwandtschaft oder aus unserem Freundeskreis gereist!

Und noch später, als ich in Mailand lebte, war der Brenner auf dem Weg nach Innsbruck der Moment des Aufatmens, des Bald-angekommen-Seins, eventuell des Urlaubsanfangs, des Abfahrens von der Autobahn, des letzten guten Kaffees … oder öfter noch nur des Durchfahrens ohne große Beachtung, wenn ich's eilig hatte.

Und jetzt ist es nach langer Zeit wieder ein Moment des bewussten Wahrnehmens, des nostalgischen Eintauchens in Erinnerungen, des Lebens mancher liebgewonnener italienischer Rituale, des Einkaufens von Spezialitäten, von Arzneien und anderem, was ich in Österreich so nicht bekam, und auch ein bisschen Wehmut über die unbenützten Gebäude, die früher große Institutionen (ACI usw.) beherbergt haben. Und doch: auch heute noch kurze Besuche in den neuen Shopping-Zentren und natürlich auch das Einkehren auf eine Merenda mit einem Glas Wein, Mortadella und dem weißen Ölbrot.

Ja, und dann der neue Genuss, mit der Bahn zum Brenner zu fahren – vom Bahnhof Rum über Innsbruck zum Brenner, Stumpfgleis/binario tronco!

Ja das ist MEIN Brenner/Brennero!!

Gerlinde Kopp, Rum

Milano arrivo

Willi Holcmann

Die Brennerberge

Der Brenner, seit Menschengedenken ein wichtiger Alpenübergang, weckt in mir zwei Jugenderinnerungen: die damals aufregenden Zollkontrollen, wenn man, aus dem Süden kommend, die Doppler Rotwein, den Chianti in der schönen Bastflasche oder die neueste italienische Mode über die Grenze schmuggelte; und der immer noch bestehende Brennermarkt (am 5. und 20. jeden Monats) mit bis zu 180 Standln.

Als leidenschaftlicher Schitourengeher und Bergsteiger mag ich die Gegend um den Brenner besonders gern wegen der schnellen Erreichbarkeit und weil der hohe Ausgangspunkt Schneesicherheit garantiert.

Als Bergziele gibt es östlich des Tales den Kraxentrager, 2998 m, die Wildseespitze, den Wolfendorn, 2776 m, das ehemalige Schigebiet Zirog mit der Flatschspitze, die gemütliche Enzianhütte mit Blick auf die Bergspitzen „Tre Cappuccini", dem rechten Kapuziner wurde vom italienischen Militär der Kopf abgeschossen. Die ebenfalls eingestellten Lifte der Hühnerspielhütte mit der Amthor- und Weißspitze. Westlich gegenüber der Hohe Lorenzenberg, Kreuzjoch und der Sattelberg.

Nach einer anstrengenden Tour laden bodenständige Gasthöfe zur Einkehr. In einer Bar gibt es sogar Weinflaschen, etikettiert mit Che Guevara, Benito Mussolini u. a.

Aufgrund der Höhenlage ist es am Brenner oft windig und kalt, Wetter- und Temperaturstürze gibt es regelmäßig.

Aber dieser Ort ist auch ein Tor in den Süden und dann träume ich von sole e mare, il profumo di arance e limoni, da spaghetti e vino rosso, ecc.

Willi Holcmann, Rum

Aufgelassene Zirog-Liftstation

141

Ingrid Mascher
Grenzgänger

Vorweg: Meine Eltern waren beide Justiz-
beamte, mein Vater Exekutor, meine
Großeltern stammten von Pustertaler Wilde-
rern und Schmugglern ab!
In meiner Kindheit machten sich beide –
Oma, fein gekleidet, rund und klein, Opa in Le-
derhose, lang und dürr, am 5. und 20. jedes
Monats mit einem riesigen Lederrucksack zu
Fuß auf den Weg zum Haller Bahnhof – und
dann ging es mit dem Zug Richtung Brenner-
markt.
Spätabends kamen sie, verwegen beschwipst
und wie Wegelagerer, mit reicher Beute zu
rück: Rotwein, Zigaretten und Süßes für die
Enkel (in Wahrheit – saure Äpfel).
Später dann musste mein Vater mit seinem
VW-Käfer ihren Fahrer spielen. Er stand unter

der Fuchtel seiner Schwiegermutter, also kam
er samstags um 8 Uhr mit vollem Tank zum
Appell und dann gondelten wir eingezwängt
die alte Brennerstraße gen Süden. Vater
murmelte permanent am Steuer: „Nur Fetzen
kaufen! Und darf's a bissl mehr sein?!"
Eilig wurde gehamstert und dann ein großes
Weingelage im „Dopo Lavoro" gefeiert. Vater
war immer schweigend angewidert von seinen kaufgierigen und leicht angesäuselten
Schwiegereltern!
Vor der Grenze wurden Zigarettenstangen
in meinen Hosenbeinen versteckt und die
zu vielen Weinflaschen drückten in meinem
Rücken.
Ich hatte jedes Mal Angst vor der Grenzkontrolle und jedes Mal ging alles gut,

wenn Vater seinen Pass als Justizbeamter
zeigte.
Auf der Heimfahrt fiel meine Mutter immer
vor Erleichterung über eine Stange ihres
geliebten Türkischen Honigs her und öfters
hieß es dann vom Rücksitz: „Ich habe mir
gerade einen Zahn, eine Plombe ausgebis-
sen!"
Wir waren und blieben einfach eine abenteuer-
lustig verschworene Grenzgängerfamilie zwischen Gesetz und Übertretung!
Als einziges der vielen Enkelkinder erbte ich
Lederhose und Schmugglerrucksack meines
Großvaters! Beides verschimmelte in meinem
Keller, die Erinnerung an diese Grenzgänge nie!

Ingrid Mascher, Hall in Tirol

Kaktus am Brenner

Hermann Graber

Ein Unort

Brenner

Schnitt durchs Gebirge
Tor zum Süden
zum Blau des Meeres
Sehnsuchtsland
Hier stößt der Norden an den glückhaften
Süden
goldener Traum früher Italienreisender

Brenner heute

Niemandsland kapitalistische Wüste Blech-
lawinen
ein Unort
wo mitunter ein Lächeln eine Vogelstimme
die Sonne erfahrbar machen
dass eine andere Welt parallel zum Wahnsinn
existiert

Nebenbei glaube ich erst, wenn das Buch
meines Freundes Othmar Kopp erscheint, an
die reale Existenz des Brenners.

Hermann Graber, Hall in Tirol

Due Pellini Top

Roman Bauer

und nun zur Sache – il gioco non vale la candela

Ist es zurzeit für mich wenig aufwändig, den Erzählungen aus meiner Kindheit zu flüstern, dass es kein Problem mehr ist, den Brenner zu passieren, um dem Duft der theatralischen Belanglosigkeit des Südens Folge zu leisten.

So das Tal sich immer weiter öffnet, bis die Berge links und rechts allmählich verschwinden zu scheinen, der größten Herausforderung gewachsen, sich nicht instinktiv für eine Richtung entscheidend, wähle ich die erste Möglichkeit, eine Kehrtwende einzuschlagen und im Tale nach Hause zu reisen. Mit leisen Schritten mich von der anderen Seite dem Brennerpass nähernd, um ihn aus der Ferne zu betrachten, mich dem kaum mehr erträglichen Geschmack der Scheinheiligkeit des Inntals bewusst werdend, fahre ich über eine große Brücke, bevor ich noch das Innenleben der Berge in Form von bewachsenen Deponien hinter mir lasse und durch einen bedeutenden Hügel hindurch fahrend, werde ich „Amplatz" schon empfangen.

In der Heimat angekommen!

(tanto vale che tu rimanga)

Roman Bauer, Volders

Tiroler Tageszeitung 1965, Artikel: „Wer hat Amplatz erschossen?"

Eva Willburger

Peter Willburger und seine Brennerangst

Peter hatte bei Menschen in Uniform immer ein ungutes Gefühl, bereits von Anfang an. Im Jahre 1942 geboren, erlebte er als Kind in Hall in Tirol die Besatzungszeit, Uniformen überall. Später dann die Gendarmerie, obwohl die Jugendlichen diese bei ihren harmlosen Kinderstreichen stets zu vermeiden verstanden. Wenn ihn die Polizei als Erwachsener wegen zu schnellem Fahren (10 km/h über dem Limit!) aufhielt, bekam er weiche Knie. Das kam nur in Österreich vor, denn in Süditalien, wo wir seit 1968 bis zu seinem Tod im Jahre 1998 lebten, wurde ja nie kontrolliert. Polizei und Carabinieri hatten Wichtigeres zu tun, Camorra und Mafia verlangten ihren vollen Einsatz.

Peter konnte sehr gut und konzentriert in dem kleinen Dörfchen Raito an der Costa Amalfitana arbeiten. Ich hatte einen guten Job als Export-Managerin in der nahen Stadt Salerno und unsere kleine Tochter Tonia, die dort zur Welt kam, war voll integriert in Kindergarten, Grundschulen und Gymnasium. In den 30 Jahren, die wir im Süden glücklich verbrachten, gab es unzählige Reisen in den Norden, der Brennerpass wurde jedes Jahr mindestens zweimal überquert, immer mit dem Auto.

Das war beruflich für Peter sehr wichtig, denn im Süden gab es in den ersten zehn Jahren keine Chance, seine Kunst zu verkaufen, geschweige denn eine ernsthafte Zusammenarbeit mit Galeristen aufzubauen. Später wurde es deutlich besser, z. B. stellte er in Rom mit Salvador Dalí aus und war mit einem Römer Galeristen auf der Art Basel vertreten („Einmal und nie wieder!", so Peter im Anschluss).

Deshalb brachte mein Mann seine Werke über die Grenze, nach Österreich und Deutschland, wo sie langsam, aber stetig verkauft und ausgestellt wurden. Manchmal war ich dabei, wenn ich Ferien hatte, sonst fuhr er alleine, das Auto voll mit Bildern. Je näher er dem Brennerpass kam, desto nervöser wurde er. Die Zöllner, die Grenzpolizisten, alles Uniformierte, die wissen wollten, wohin mit den Bildern? Woher kommen sie? Wo sind die Dokumente? Es war jedes Mal eine Zitterpartie: Lassen die uns weiterfahren? Wir hatten uns im Süden bei den obersten Stellen informiert, welche Dokumente notwendig wären, um die eigene Kunst ins Ausland zu bringen, aber keiner wusste es. Also blieb uns bei jeder Grenzüberschreitung die Angst nicht erspart. Abschließend kann ich nur sagen, wir hatten stets Glück und die gefürchteten Uniformen glaubten uns, dass der österreichische Künstler seine im Süden entstandenen Werke in Österreich fertig malen wollte, um sie dann ausstellen zu können.

Diese Angst vor dem Brenner verging schließlich 1995, als die Grenzen fielen, auch mit Peters Unbehagen vor den Uniformierten war es dann endgültig vorbei.

Eva Willburger, Hall in Tirol

Erinnerungen an Peter im Plessi-Museum am Brenner

Robert Amort

Nobeltourismus

Der einstige kleine Bergbauort Gossensaß, 10 km unter dem Brennerpass gelegen, veränderte sich mit dem Bau der Eisenbahn im Jahre 1867 entscheidend. Gossensaß entwickelte sich zum Reiseziel für die Reichen und Schönen. Es fanden sich regelmäßig Dichter, Prinzen, Weltreisende, Kartografen und Bühnenkünstler in den vielen Hotels und Privathäusern ein. Um nur einige zu nennen: Henrik Ibsen, Edward Compton, Eduard Amthor, Oskar von Redwitz, Prinz Wilhelm von Preußen, Marie Rehsener usw.

Allein die Familien Gröbner besaßen das Groß-Hotel, den Wolfenhof, den Leopoldhof, Dependance Raspenstein, den Wielandhof, die Kaltwasser-Heilanstalt Gudrunhausen und das Palasthotel.

Mit einer unübertroffenen Werbestrategie und der einmaligen Namensgebung, nämlich indem er weltweit das einzige „Großhotel" anpries und vermarktete, gelang es Ludwig Gröbner, das Großhotel und Gossensaß untrennbar miteinander zu verbinden. Weiters konnte er mit der Südbahn ein Haltegebot für alle Schnell- und Überregionalzüge für 100 Jahre aushandeln. Das Pflerschertal mit seinen Gletschern, die erhabene Gebirgswelt, der majestätische Tribulaun begeisterten die Elite der österreichischen und deutschen Gesellschaft.

Den Gästen standen neben Badegelegenheiten, Milchkuren und sonstigen Hausmitteln noch Billard, Lesekabinett, Musik- und Theaterveranstaltungen zur Verfügung. Die Badeanstalten befanden sich in Gudrunhausen in Gossensaß, dem Grand Hotel und dem Geizkoflerhaus im Brennerbad. Das Thermalwasser im Brennerbad wurde gegen rheumatische Beschwerden, Katarrhe, Keuchhusten und Hautausschläge eingesetzt.

Die später als „Tante Marie" bekannte Schwester von Ludwig Gröbner sorgte für einen gemütlichen, ja fast familiären Aufenthalt. Die vorzügliche Verpflegung ließ die noble Gesellschaft allsommerlich wiederkommen. So war es nicht verwunderlich, dass die Besucherzahl von Saison zu Saison stieg, da die Gäste voll des Lobes waren. Selbst ein Heiratsmarkt entstand. Die bekannteste Liaison gab es zwischen Henrik Ibsen und Emilie Bardach.

Im Jahr 1908 wurde Gossensaß vom österreichischen Kaiser Franz Joseph I. zur Marktgemeinde erhoben. Auf dem Grund des alten Schulgebäudes wurde eine Kaiserbüste eingeweiht. Gleichzeitig veranstaltete man ein Jubiläumsschießen am neu errichteten Kaiser-Franz-Joseph-Schießstand. .

Mit dem Beginn des Ersten Weltkrieges und der späteren Annexion durch Italien verblasste der Nobeltourismus in Gossensaß. Ende der Dreißigerjahre wurde der große italienische Kasernenkomplex nahe dem Dorfzentrum erbaut. Zusätzlich gab es vier Offiziershäuser. Italienische Gäste eroberten das Dorf. Ab 1914 bis Ende der Fünfzigerjahre entstand außer den Militäranlagen nur eine Handvoll Neubauten.

1945 besetzten US-Truppen das Grand Hotel und deponierten dort Waffen und Munition. Im Stiegenhaus befand sich die Feldküche. Am Vormittag des 8. Mai gab es einen lauten Knall und schnell stand das ganze Gebäude in Flammen und brannte bis auf die Grundmauern nieder. Durch Unachtsamkeit war Feuer mit der Munition in Berührung gekommen. An der Stelle des einstigen Grandhotels befindet sich heute das Rathaus mit dem Parkplatz.

Robert Amort, Gossensaß

Palasthotel in Gossensaß

Christian Keckeis

Oh, du mein Pythagoras

Oh, du mein Pythagoras! Jetzt heißts: Rechnen! In Campogalliano bin ich jetzt und von da sinds noch 314 km bis zum Brenner. Das ist ja deine Zahl, drum bleib ich jetzt stehn und mach meine Pause mit allem Drum und Dran und werd mir alles irgendwie ausrechnen müssen. Weil da oben am Brenner darf nix zu viel sein, da kennt er nix, der österreichische Zollbeamte. Wenn da oben ein 4er auftaucht, bin ich fällig.

Von Palermo komm ich mit 24 Tonnen Tomaten in Dosen, genaugenommen 52.272 Dosen, ja und genaugenommen bin ich schon 24 Stunden am Fahren, aber laut Tachoscheibe fährt ja der Jenewein und der steigt in Brixen aus. Stehenbleiben tut man ja nur zum Kaffeetrinken und Austreten und halt fürn Jenewein.

Da brauchts ab und zu schon eine Stärkung: Alle 111 km eine Zigarette, weil ich doch mit System arbeiten muss; das ist ja immer wieder ein schöner Kilometerstand, wenn drei gleiche kommen und wenn dann erst 4 gleiche da sind, gibt's sowieso eine Gewürzte. Bald kommt sowieso die Million, da lass ich dann das Rauchen! Aber um das gehts jetzt nicht. Ich sollt mir ausrechnen, wie viel ich da jetzt tanken muss. Weil tanken werd ich müssen. Ich hab noch 400 km bis zum Heimathafen

und dazwischen gehts in Sterzing ziemlich aufwärts und in Schönberg drüben wieder abwärts und bei so einem Laggl von Tank, den ich da hab, ist das gar nicht so einfach; der Sprit schwabbelt da mit und wenn ich zu wenig drin hab, kommt Luft dazu und wenn ich zu viel drin hab, bin ich halt um das zu schwer. Das darf aber nicht sein, weil wenn ich zu schwer bin, greift der Österreicher ein. Der kann ja sowas von ekelhaft sein, dass es schon wieder lustig ist.

Also Pythagoras, steh mir bei und hilf mir rechnen!

Der Spritanzeige kann ich sowieso nicht trauen. Dafür hab ich einen Meterstab, der zeigt mir genauer, wo ich umgeh – ich muss mir halt das Volumen ausrechnen. Dass da hinten mehr wie die zugelassenen 24 Tonnen sind, spür ich schon länger, jetzt fragt sich nur: Wie viel mehr? Wenn sich's um ein paar Kilo handelt, könnt ich den Österreicher ja austricksen. Die Schneeketten, die ich mitschleppe, haben bestimmt 50 kg – die könnt ich hinterm Zollhaus abladen, notfalls auch das Reserverad. Aber wenn das immer noch nicht reicht, was tu ich dann? Soll ich mir das antun und eine Palette Tomaten vorher händisch herunterklauben? Heiliger Pythagoras, bring mir Glück oder mach derweil die Waage hin!

Nach Cappuccino/Brioche, Tankerei, Tachoscheibenwechsel (danke, Jenewein, gut bist gefahren) gehts weiter zu den letzten 4 Stunden im Stück – bis zur Zielgeraden. Bald ist es so weit: Wenn der Österreicher einen 4er sieht, muss er einschreiten.

Da komm ich nach 1750 km auf den Brenner zu und wenn ich da ein Kilo zu viel hab, darf der „STOP" sagen und das heißts vermeiden! Zum Rechnen ists jetzt sowieso zu spät. Jetzt brauch ich schon etwas Glück!

O. K., die Schneeketten sind hinterm Haus versteckt und zur Vorsicht auch noch 12 Leerpaletten, aber trotzdem wirds wohl knapp werden … ich bin schon auf der Waage – der Österreicher in seinem Gehäuse in Augenhöhe mit Blick auf die Anzeige!

So schnell und wendig wie ich kann, spring ich aus meiner Kabine und berühr den Boden … und das genügt: Fahrzeug beladen: 39.997 kg. Der Österreicher blickt nicht auf und starrt weiter auf seine Digitalanzeige. „40.000" hätte ihn einschreiten und amtshandeln lassen müssen! Aber so ist er nicht aufgewacht und sieht auch nicht, dass niemand im LKW sitzt.

Was mir bleibt, ist die Paletten und Schneeketten wieder einsammeln und: Danke, Pythagoras!

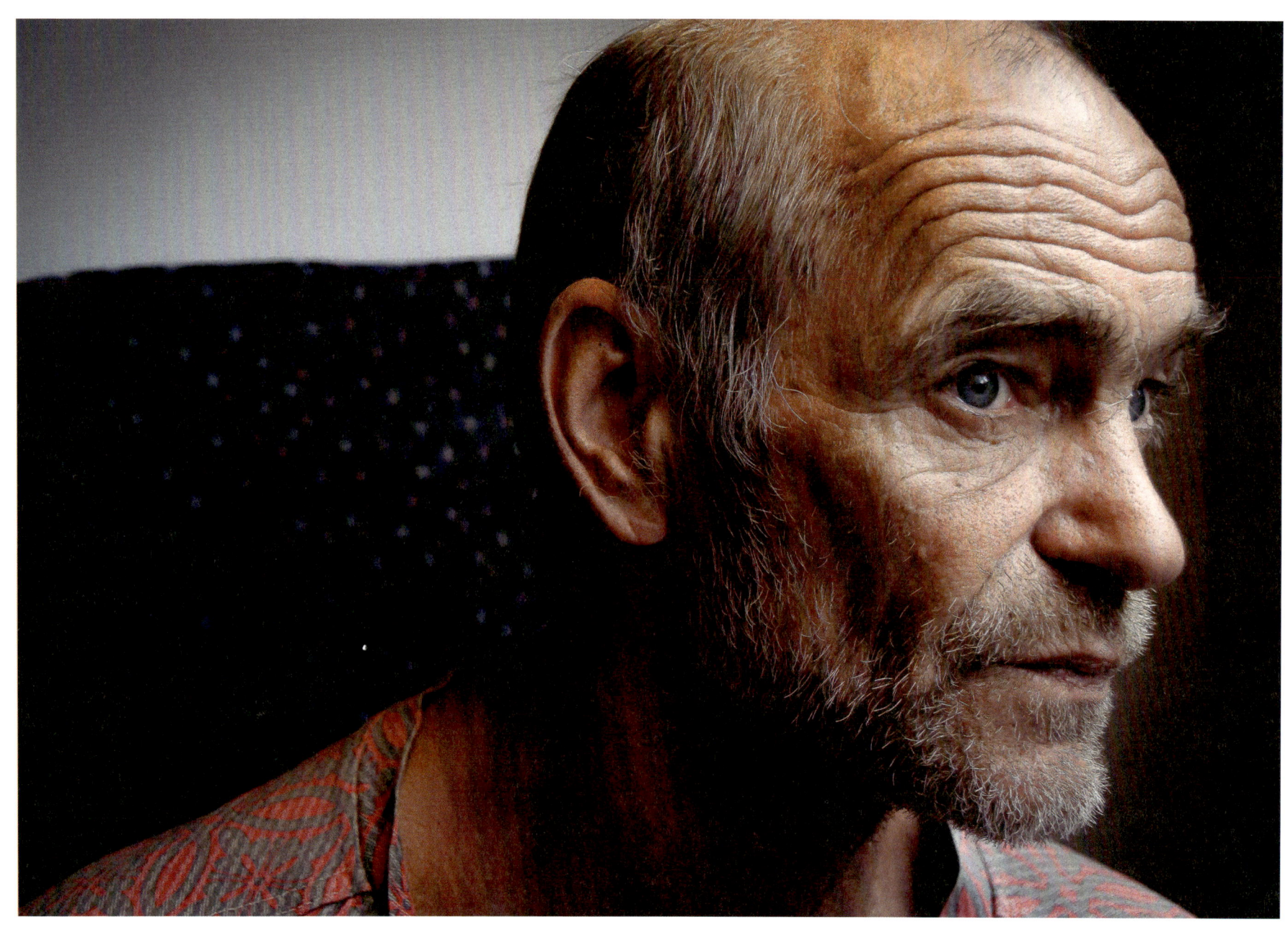

Christian Keckeis, Innsbruck

Ausfahrt Brennersee

Brenner einmal anders

Ich bin oft schon auf den Brenner gefahren, immer mit dem Auto, alleine oder mit Freunden. Dabei war Bummeln angesagt, Essen von Pizza oder Pastasciutta, der Genuss von duftend schaumigem Espresso macchiato, manchmal auch ein Einkauf von Mitbringseln: Wein, Käse, Mortadella, Äpfel und Weintrauben.

Diesmal jedoch, am Montag, 12. Oktober 2015, war es anders, sogar sehr anders. Für mich fing das Anderssein schon damit an, dass wir mit dem Zug fuhren. Ich stieg in Innsbruck zu, Othmar war schon im Abteil, er kam von Hall. Othmar begeisterte mich für sein Bildbandprojekt, in dem er seine persönliche Sicht auf den Brenner zeigen möchte, aber auch andere, individuelle Erfahrungen mitaufnimmt. Mein Bezug war bisher eher „touristisch-studentisch". Heute wurde er tiefer, persönlicher, er wurde anders.

Am Brennerbahnhof angekommen, gehen wir zum Caffè Pellini, wo wir Robert Amort treffen. Er spricht über Begebenheiten und Leute rund um den Brenner. Zuvor aber beteuert er:

„Also der Friedhof ist für mich ganz etwas Komisches. Ich gehe nie gern hin. ... Obwohl der Tod, das ist ein Gewinn. Da ist nichts Negatives. Aber hingehen, fürchterlich! ... Wenn ich schon dort bin, dann ist das ein gewisser Friede, eine Ausstrahlung, eine Aura. Es gibt ja Etwas. Begräbnisse bin ich schon gewesen. Ich hab auch Leute eingegraben ... und es war auch komisch ein paar Mal ..."

Ich erzähle Robert, dass ich als Schriftsteller arbeite, ein Buch herausgegeben habe, und poetische Lesungen, auch Abend-Wanderlesungen mit Musik, unter anderem in den Städtischen Friedhöfen von Innsbruck veranstalte. Othmar, Robert und ich unterhalten uns noch eine gute Weile. Anschließend fährt Robert.

Es ist nach Mittag. Der Himmel in Sonne getaucht. Kein Wölkchen trübt das herbstliche Blau. Windstille. Nur der warme Atem der Natur, gefiltert durch Geräusche fahrender Autos. Othmar und ich gehen in den Friedhof, der sich wie ein Kranz um die Kirche zum hl. Valentin bindet. Ich kannte diesen Kranzfriedhof nicht. Die Türen der Kirche sind verschlossen.

Nach einigen Aufnahmen an der niedrigen Friedhofsmauer, die uns Einlass durch ein schmiedeeisernes Gatter gewährt hat, begegnet uns ein kunstvoll gefertigtes, vor Alter und Müdigkeit an die Kirchmauer angelehntes Grabkreuz.

Darauf in eingravierter Schrift der Name, darunter: „tot aufgefunden 10. 7. 1969".

Angetan von diesem Kreuz stelle ich mich neben den „tot Aufgefundenen" und lese andächtig Gedichte aus meinem Buch „Abschied und Ankunft im Licht der Begegnung". Othmar fängt Bilder ein, gleichsam zur Spiegelung lebendiger Ewigkeit.

Bei einem Grab südwestlich der Kirche berühre ich seitlich des Kreuzes die Erde, halte mein Buch an die Brust, und schaue der strahlenden

Sonne entgegen, als wollte ich dem Tod zur Auferstehung verhelfen. Meine Gefühle steigen auf zu Bildern des Lebens und zeugen von der Stille und Freude der hier Verstorbenen. Die Aufnahmen blitzen noch im Schatten der Sonne, und wir verlassen den Friedhof.

Wir spazieren vorbei an der Pizzeria „Dopo Lavoro", einem ehemaligen Eisenbahnerlokal, besichtigen die Pfarrkirche „Maria am Wege" und bestaunen die lichtfarbenen Glasfenster und die rot leuchtende Rosette an der weiß getünchten, breit gezogenen Fassade.

Wieder im Freien führt mich Othmar zum Grenzstein „ITALIA BRENNERO ÖSTERREICH" und zeigt mir den markanten Grenzstrich auf einer Marmorplatte am Fuße des Grenzsteins. Ein nach wie vor umstrittener und konfliktbeladener Grenzstein. Ich denke, es sollten statt der Grenzsteine wirksame Gesprächs- und Handlungswege geöffnet werden, die die Menschen hoffnungsvoll in Frieden und Toleranz miteinander verbinden, um so zu einer verständnisvollen und gegenseitig hilfsbereiten, menschenwürdigen Kultur- und Völkergemeinschaft zu gelangen.

Die Zugfahrt zurück ins Inntal schmeichelt den Augen und gibt die Erhabenheit der Berge frei. Die Eindrücke und Erlebnisse verzweigen sich in Gedanken und Gefühle, und lassen den Brenner wie aus einem Traum heraus in neuem Licht erscheinen. Ich bin froh, den Brenner einmal anders erlebt zu haben.

Paul Fülöp, Innsbruck

Boden der Kirche Maria am Wege, neue Pfarrkirche am Brenner

Franz Winklehner

Bald ist Heilige Nacht …

Am Mittwoch, den 23. Dezember 2015, machen Othmar, Willi und ich eine Weihnachts–Weinseligkeits-Reise zum Brenner.

Abfahrt ist am Bahnhof in Hall in Tirol bei strahlendem Sonnenschein, wir fahren mit dem Zug zum Brenner. Hier ist ein noch schöneres Wetter, herrlich pastellblauer Himmel, wolkenlos, 15 Grad angenehme Temperatur und schneefrei.

Wir gehen zur ersten Einstimmung in das Bahnhofsrestaurant und bestellen einen Weißwein vom Fass um erfreuliche € 1,40. Wir genießen nicht nur den Wein, sondern auch das morbide Ambiente, das so schön die gute alte Zeit vom Brenner widerspiegelt.

Dann machen wir uns auf den Weg zu einem weiteren gustösen Erlebnis. Unsere genussorientierten Augen entdecken bald eine Kreidetafel mit der Aufschrift: **„Feinschmecker willkommen"**. Wir treten ein und werden gleich freudigst vom Inhaber begrüßt. Nachdem wir unser Anliegen vorgebracht haben, führt er uns ganz nach hinten und ein bisschen nach unten in einen Raum, der eine Mischung aus Weinmuseum und Degustationsstübele ist, mit einer schönen, gemütlichen Sitzecke.

In einigen Winkeln und Nischen stehen die Supertuscans, von denen sich einer besonders schön hervortut: der Sassicaia. Wir können uns der Magie des Etiketts mit dem goldenen Stern auf blauem Grund nicht entziehen und bestellen um wohlfeile 145.- € damit unseren diesjährigen Weihnachtswein. Die unvergleichlichen Eindrücke, die dieser große Wein hinterlässt, rechtfertigen diese Ausgabe.

Aus einem Karree von 16 brennenden Weihnachtskerzen bringen wir Wärme und Weihnachtsstimmung in diesen doch recht kühlen Raum. Der Wirt hat nach der Öffnungs- und Probierzeremonie eine kunstvoll geknüpfte Papierserviette auf die Flasche gegeben. Da der Sassicaia unser Mittelpunkt ist, haben wir ihn neben die brennenden Weihnachtskerzen gestellt. Irgendwie fängt die Serviette Feuer und beginnt zu brennen. Wir lassen sie ein wenig brennen und ersparen uns dadurch die Sternspritzer. Wir geben uns nun ganz dem vinösen Augenblick des Glückes hin. Der Sassicaia verbreitet seinen Aromenteppich auf eindrucksvolle Weise und bereichert grandios unsere weihnachtliche Weinseligkeit am Brenner.

Franz Winklehner, Hall in Tirol

Sassicaia im Feinschmeckerlokal am Brenner

Hans-Georg Leitner
Wie wurde ich zum Vetter?

Jeder kennt den Brennerpass, der Brenner ist für uns alle ein historischer Übergang, sei es für Touristen auf der Durchfahrt, Bayern, Tiroler, einheimische Beamte oder Arbeiter, die ihren Arbeitsplatz am Brenner gefunden haben. Für alle ist der Brenner ein besonderer Ort! Allein die Überfahrt über die Grenze war früher schon ein besonderes Ereignis. Als Kinder durften wir oft mit unseren Eltern zum Dachser am Brennersee mitfahren. Mein Vater kaufte dort immer Butter, Bananen und Schokolade ein, mehr als erlaubt war, und dann mussten wir Kinder immer die Ware unter uns verstecken. Als Kind habe ich nie verstanden, warum wir dies so heimlich machen mussten, bis uns gesagt wurde: „Wenn die Polizei uns erwischt, kommt unser Vater ins Gefängnis."

Mit 16 Jahren hatte ich am Brennerpass meine erste Arbeitsstelle gefunden. Ich machte eine Saison in einem Lebensmittelgeschäft, dabei habe ich zum ersten Mal die Geschäftsleute und die KundInnen kennengelernt. Es war alles so locker. Man sollte mit den KundInnen ganz persönlich umgehen, sie nicht mit „Sie" ansprechen, auch unter den Geschäftsleuten und VerkäuferInnen war das so üblich.

Im Jahre 1980 hat sich dann Vieles in meinem Leben verändert. Ich war gerade ein Jahr verheiratet, meine Frau und ich arbeiteten im selben Hotel in Sterzing, als mein Schwiegervater von einem Treffen am 14. Februar, dem Valentinstag,

mit den Besitzern vom Gasthof Vetter erzählte, die in Bozen lebten und einen Pächter suchten. Während meiner Arbeit am Pass, jeden Tag beim Vorbeifahren, dachte ich, wie heruntergekommen dieses Haus war, und ob man als Pächter dort fast verhungern müsste. Eines Tages fuhren wir hin zum Kaffeetrinken. Wir waren sehr enttäuscht, es war kalt in der Stube, keine Tischdecken, keine Blumen und kein Gast.

Wir entschlossen uns, doch einmal Kontakt mit den Besitzern aufzunehmen, und fuhren nach Bozen. Den Vetters waren wir auf Anhieb sympathisch und nachdem wir nichts zu verlieren hatten, entschlossen wir uns, den Betrieb zu übernehmen.

Am 1. Mai 1980 war die Eröffnung! Wir hatten zu dieser Zeit weder Geld noch Kochkenntnisse, aber mit Hilfe meiner Mutter und meiner Schwester haben wir die ersten Tage gemeistert!

Nach einer Woche stellten wir ein Mädchen ein. Kochen konnte auch sie nicht, also haben meine Frau und sie unermüdlich Kochbücher studiert und nachgekocht, was dort stand. Schon bald war meine Frau eine ausgezeichnete Köchin. Unser Betrieb war in ganz Nord- und Südtirol bekannt, berühmt wegen unserer guten Küche und meiner bösen Gastfreundschaft! In 36 Jahren hat man viel Schönes und weniger Schönes erlebt. Unser Publikum hat sich im Laufe der Zeit verändert, ohne unsere Stammkunden wären wir nicht in der Lage gewesen,

unseren Betrieb ordentlich zu führen. Durch die Autobahn ist der Verkehr über die alte Brennerstraße sehr spärlich geworden.

Im Jahr 1994 haben wir dann den Gasthof Vetter gekauft und zwei Jahre später umgebaut. Der Kauf ging nicht ohne Hindernisse vonstatten, aber wir haben alles gut überstanden und sind nun glückliche Besitzer.

Am Brenner gab es ungefähr 200 Beamte (Polizei, Finanz, Zoll und Carabinieri): Es war selbstverständlich, dass junge Frauen aus Tirol den Brenner auch abends besuchten, denn richtige Italiener waren natürlich der Hammer für die Mädels. Die Fernfahrer mussten damals im Dorfzentrum ihre Waren verzollen. An Markttagen war dann totales Chaos angesagt. Deswegen kommen auch heute noch die Menschen, die all das am Brenner erlebt haben und dies nicht vergessen möchten!

Für mich gilt heute noch, jeden Tag: „Brennerbesuch". Denn ich habe diesem Ort sehr viel zu verdanken! Es war mein erster Arbeitsplatz und auch mein letzter.

Wohnst du auf dem Brenner, dann weiß jeder, wo das ist. Sogar die Zugvögel wählen diese Route, um in den Süden zu gelangen. Der Pass bleibt ein Nadelöhr und wer am Brenner nichts Gutes entdeckt hat, hat sich zumindest geärgert, über die langen Staus. So bleibt allen der Brenner entweder in guter oder schlechter Erinnerung!

Hans-Georg Leitner, Brennerbad

Bar Gasthof Vetter

Alexander Legniti

Maria vom guten Rate

Der Raum ist still und leer.
Nur eine Kerze brennt,
weil man in dieser Welt nur schwer
hierher zu finden vermag
und die Tiefe des Ortes erkennt.
Gegenüber im Outlet herrscht reges Treiben
sowie Hast und Eile in der Menschenschar.
Hier herüben bleiben
Besucher selten und rar.
Guten Rat sucht man hier nicht.
Hier ist es still und menschenleer.
Es brennt nur dieses eine Licht.
Guten Rat zu finden ist nicht leicht,
sondern schwer.

Im Outlet, mit Blick auf die Kapelle,
nach deren Besuch
Brenner, am 14. 9. 2013

Alex Legniti, Innsbruck

Blick aus der Kapelle Maria zum guten Rate

Dieter Draxl

Meine Kindheit am Grenzbalken

Was ist der Brenner für mich? Ein Grenzübergang? Das Tor zu Italien? Die Brennerjause? Das Outlet? Der Brennermarkt? Sicherlich alles davon, und doch noch viel mehr, denn …

… ich verbrachte die ersten acht Lebensjahre meines Lebens direkt – wirklich direkt – an der Grenze zu Südtirol, sprich Italien – und so ist der Brenner noch immer in meinen Gedanken meine erste wahrgenommene, erlebte Umgebung, mein erstes Erfahrungsfeld, meine erste Spielumgebung, mein Sehen und Spüren, weniger das Riechen (warum, weiß ich auch nicht).

Der Brenner war für mich – im Gegensatz zu vielen An- und Durchreisenden – meine Wohnstätte, meine Heimat gewesen. Dort erlebte ich das Erwachen meines Bewusstseins als Mensch, als Ich, selbst als diese Entwicklung dann im Alter von 8 Jahren jäh unterbrochen wurde, als meine Eltern nach Innsbruck verzogen – und ich darüber sehr traurig war – daran erinnere ich mich noch. Und sich mein Werden dann als Reichenauer fortsetzte. Doch ganz ließ mich der Brenner – ich spreche vom Brenner, nicht vom Brennero – nicht ganz los, denn viele Jahre später als Abgänger der Pädagogischen Akademie wurde ich an meine erste Dienststelle versetzt. Wohin? Nach Gries am Brenner, obgleich ich damals im Jahre 1977 um eine Position als Lehrer in Kematen, Völs und Innsbruck angesucht hatte. Und so fuhr ich dann ab 1977 bis 1991 wieder

regelmäßig in einer 6-Tage-Woche (die gab es damals noch in Schulen) Richtung Süden, war es nun der Regionalzug ab 6 Uhr morgens, eine Mitfahrgelegenheit oder gar der private PKW. Somit war mir der Brenner immer sehr nahe, auch wenn ich ihn nun selten so direkt erleben durfte wie damals, als ich am Schlagbaum lebte. Denn vom Erker meines Kinderzimmers viele Jahre vorher konnte ich direkt auf das Zollamt und die Grenzbalken hinunterblicken – und auf die Brückenwaage auf der österreichischen Seite. Diese bleibt mir vor allem deshalb in Erinnerung, da ich als Erstklassler einmal meinen Mut beweisen wollte und mit bloßer Kinderfaust auf eine der bereits halbzerbrochenen Glasscheiben des Brückenwaagenhäuschens einschlug. Leider hatte ich kleiner Knirps viel zu wenig fest zugeschlagen und blieb mit dem kleinen Finger in einer der Glasspalten hängen und riss mir die Fingerkuppe ab. Blut lief heraus, ich schrie wie am Spieß und der damalige Grieser Hausarzt Dr. Obojes wurde gerufen, vernähte mich und blieb mir für immer im Gedächtnis haften, ebenso wie die kleine Narbe, die ich heute noch mit mir und meinem kleinen Finger herumtrage.

So werde ich bei einem Blick auf den linken kleinen Finger die Brückenwaage am Brenner nie vergessen, außer ich erkranke an Alzheimer oder einer anderen Form der Demenz.

Als Lehrer in Gries am Brenner war ich natürlich noch immer direkt mit der österreichischen

Seite des Brenners verbunden, denn die Familien Kerschbaumer – Besitzer des Venntales – vertrauten mir viele ihrer Kinder als Lehrer an der IGS Gries am Brenner an. IGS bedeutet Integrierte Gesamtschule, die über viele Jahre großartig funktionierte.

1991 suchte ich um Versetzung nach Innsbruck an und seitdem habe ich mehr oder weniger auch meine Beziehung zum Brenner verloren; abgesehen davon, dass ich – wie Millionen andere – zum Durchreisenden wurde, zu einem „Grenzfahrer", weniger zu einem „Grenzgänger". Doch in meinem Kopf spuken die Bilder aus meiner Vergangenheit herum wie eh und je; und Wehmut erfüllt mich jedes Mal, wenn ich diesem Grenzort begegne, sobald ich die Bundesstraße benütze. Der Anstieg über die alte Zollstation Lueg auf der Bundesstraße sowie der erste Anblick des Brennersees und der Eisenbahnstation „Brennersee" lassen mich wach werden. Wenn dann die Räder an den alten Zollhäusern vorbeirollen, wünschte ich mir beinahe jene grauen Zollwache-Uniformierten her, die mir vor Jahren den Reisepass aus der Hand nahmen ebenso wie die eitlen, blau gekleideten Marescialli, bloß um in meine Vergangenheit versetzt zu werden. Dann schaue ich zurück auf das Zöllnerhaus rechts, in den zweiten Stock, dorthin, wo ich als Kind geschlafen hatte, links vom Erker, in einem kalten, ungeheizten Raum. Doch dort – in diesem zweiten Stock war einmal meine Heimat.

Dieter Draxl, Innsbruck

Fenster seines ehemaligen Kinderzimmers im Zollhaus am Brenner

Herlinde Molling
Grenze oder keine Grenze

Der Brenner ist ein heikler Punkt mitten im europäischen Ländergefüge. Ist dort eine Grenze? Keine Grenze? Oder doch eine Grenze? Eigentlich war dort nie eine Grenze. Bis zum Waffenstillstandsabkommen, das am 3. November 1918 in der Villa Giusti in Padua von Ten. Gen. Pietro Badoglio für das Königreich Italien und von General Viktor Weber, Edler von Webenau für die österreichisch-ungarische Monarchie unterzeichnet wurde.

Das ist der einzige Vertrag, in dem die Brennergrenze vorläufig genannt ist. Die gesamte Grafschaft Tirol wurde 1918 von den Italienern besetzt und schließlich der südliche Landesteil annektiert. Einen Übergabevertrag zwischen dem bis dahin regierenden Kaiserhaus Habsburg und dem italienischen König Viktor Emanuel III. gibt es nicht. Dennoch wurde die Grenze über den Brenner gezogen.

Drei Jahre nach dem Beitritt Österreichs zur EU, im Jahr 1998, wollte man sie vernebeln und hat die Grenzbalken abmontiert. Es gilt der freie Personen- und Warenverkehr!

Jetzt, weil man sich vor einer Einwanderungswelle fürchtet, ist die Grenze wieder da, soll sogar einen bewachten Zaun bekommen!

Für mich war die Grenzstation am Brenner einige Zeit bedeutsam, weil gefährlich! Das kam so: In den späten 50er- und frühen 60er-Jahren des vorigen Jahrhunderts hatte die Lebenssituation der deutschsprachigen Menschen im südlichen Landesteil ungute Formen angenommen. Unter den Einwohnern regte und organisierte sich Widerstand, vorerst in Schriften und Reden gegen erlittenes Unrecht, schließlich in Gewaltaktionen.

Dazu war Hilfe aus dem nördlichen Landesteil gewünscht und so bin ich mit Kurt Welser, einem der Hauptorganisatoren der Südtiroler Erhebung, sehr oft mit Flugzetteln, Sprengmitteln und Waffen über diesen gefürchteten Brenner gefahren. Mit Spannung habe ich jedes Mal das Verhalten der Grenzorgane beobachtet. Man musste damals eine Einreiseerlaubnis für das Fahrzeug bei einer Grenzdienststelle holen. Das heißt, es war ein längerer Aufenthalt auf diesem eher heißen Boden nötig.

Mit einem freundlichen Gesicht und dem Gehabe einer erwartungsfrohen Italien-Urlauberin ist das immer gut gegangen. Nur einmal, es war am Gründonnerstag 1961, da hatte mir Kurt Welser mehrere neue, noch in Kartons verpackte Gewehre in meinen kleinen VW Karmann-Ghia hineingeschichtet. Eine leere Luftmatratze verhüllte nur notdürftig die brisante Ladung. Als ich mit dem Einreisepapier zum Auto zurückkam, stand schon ein Carabiniere davor, er zeigte auf den Inhalt und wollte wissen, was das ist!!? Ich öffnete die Autotüre, stieg ein, zog die Türe zu und sagte: „… ah, Camping" und fuhr los.

Das hätte für Kurt Welser und mich katastrophale Folgen haben können, aber auch das ist gut ausgegangen.

Und nun ist dort wieder eine Grenze oder auch keine Grenze, je nachdem. Die sinnlosen Zollforderungen für ein paar Flaschen Wein, für Salami, Handtaschen, Halstüchlein etc. werden wohl für immer vorbei sein. Und das ist für die Menschen in unserem Land das Wichtigste!

Herlinde Molling, Innsbruck

An der Eisenbahnlinie

Peter Kaser
Kunstprojekt Brenner
von Christian Wurzer

Der Brenner war und ist für Peter Kaser ein besonderer Ort, den er immer wieder zum Gegenstand seines künstlerischen Schaffens machte. Von 1980 bis Mitte der 90er-Jahre galt sein Interesse der Bergwerksgeschichte, dabei besonders dem Silberbergwerk Ridnaun und dem Kupferbergwerk Prettau im Ahrntal. Es folgte, quasi als Initialzündung, im Jahr 1998 „Treffpunkt Niemandsland", ein Künstlerprojekt am Brennerpass, bei dem unter anderem eine Serie digitaler Fotos über die Bunker am Brenner angefertigt wurde. Im Zuge des Treffpunkts Niemandsland fand man den idealen Ort für ein neues, längerfristig angelegtes künstlerisches Projekt, die 84 „Scalini", also „Stufen", die von der Brennerstraße zu einem Bunker führen. „scalini 84 stufen" – ein Platz in romantischer Landschaft, mit spannenden Ein- und Ausblicken. Von 2000 bis 2007 wurden diese Stufen zu einem Experimentierfeld, auf dem erprobt wurde, wie Kunst an einem Ort wie diesem überhaupt funktionieren kann. Vor zehn Jahren endete dieses Projekt, der Ort wurde der Natur zurückgegeben. Doch der Brenner ist da und wird es bleiben.

Peter Kaser, Gossensaß

Im Atelier von Peter Kaser

Roberto Petrillo

Bahnhofsbar am Brenner

Ich heiße Roberto Petrillo, bin in Sterzing geboren und aufgewachsen und lebe seither hier. Meine Mutter stammt aus Südtirol und mein Vater, soviel ich weiß, aus Rom.

In meinem Heimatort ging ich auf eine deutschsprachige Schule, wo ich zusätzlich auch die italienische Sprache erlernen konnte, was für mich in späteren Jahren sehr von Vorteil war! Meine Kindheit, soweit ich mich noch erinnern kann, war eine glückliche Zeit. Da meine Mutter von früh bis spät arbeiten musste, verbrachte ich viel Zeit bei meiner Oma, solange sie noch lebte. Außerdem waren da ja auch noch meine Nachbarn und Freunde, mit denen ich viele Nachmittage zusammen war. So viel zu meiner Kindheit.

Im Jahre 2014 bekam ich einen Job am Brenner in der Bahnhofs-Bar (Café Pellini) als Barmann und Kellner.

Dort habe ich sehr viele Leute kennengelernt: Bahnbedienstete, italienische, österreichische und bayrische Polizisten, Einheimische, die am Brenner wohnen, Brennerbesucher aus Nordtirol, Durchreisende verschiedenster Nationalitäten, Migranten, Flüchtlingsbetreuer, Finanzer, Urlauber und viele mehr.

Es ist dort fast jeder eingekehrt, Stammgäste, diejenigen, die eine Pause machen wollten, auf den Zug warten mussten oder einfach einen Zwischenstopp am Brenner einlegen wollten, um etwas zu essen oder zu trinken.

Mit vielen dieser Menschen verband mich mit der Zeit eine gewisse Vertrautheit, ja sogar Freundschaft. Wir hatten viele lustige Momente, und viel Spaß zusammen.

Es gab aber auch sehr viel Arbeit, sprich, sehr viel zu tun. Insbesondere an den Markttagen, dem 5. und dem 20. jeden Monats, dem berühmten Brennermarkt (ca. 180 bis 200 Standln). Da wimmelt es im Ort geradezu so von Menschen, auch die Pizzerias, Gasthäuser und Cafés sind gerammelt voll!

Es gab auch weniger schöne Momente, die mir sehr nahegingen, und zwar jene im Zuge der Flüchtlingsproblematik!

Ich sah viele Menschen, die aus den Kriegsgebieten geflüchtet sind und mit dem Zug über den Brenner kamen und ihre Reise nach Österreich bzw. Deutschland fortsetzen wollten, aber leider ohne Erfolg, denn sie wurden am Brenner festgehalten und mit dem Zug nach Italien zurückgebracht.

Es befanden sich auch viele Kinder darunter, was für mich das Schlimmste war, denn ich bin selbst Vater von zwei Kindern, das ging mir immer sehr nahe.

Die Situation verschlechterte sich zusehends und die Kontrollen der österreichischen-italienischen Behörden wurden immer strenger und intensiver.

Solche Probleme mit Flüchtlingen sind wir nicht gewohnt, also, denke ich, waren wir alle ziemlich geschockt, als alles begann.

Der Brenner steht bei vielen Menschen schon seit Jahrzehnten für eine Durchzugsstrecke in den Urlaub, vom Norden in den Süden und umgekehrt. Für andere: Einkaufsbummel am Brenner, Brennerjause, ein Gläschen Wein, Brennermarkt, so haben es die meisten Leute im Gedächtnis.

Brenner, bleibt für mich ein Dorf, mit Geschichte, von früher, als noch die Grenze war!

Roberto Petrillo, Sterzing

Laterne vor der Bahnhofsbar am Brenner

Luis Nagele

Der Hoachn Luis und die Sattelbergalm

Aufgewachsen oberhalb vom Brenner auf der Alm, im Sommer als Hirte und Helfer auf der Sattelbergalm, im Winter mitten im Skigebiet.

Das Erlebnis Brenner. Wir sind „heimlich", zum Pilzeverkaufen, drei- bis fünfmal im Sommer oder zum Einkaufen am 5. September beim Brennermarkt für Schulsachen (Kleidung) zu Fuß über den Steig hinuntergewandert.
Der Brenner war für mich wie eine große Stadt. Viel Verkehr, spannend war das Hupen der LKWs und Züge, wenn wir über den Steig von der Alm über die Grenze zum Brenner gewandert sind.
Angelangt in der Brennerstadt haben wir (meine Geschwister Alexandra, Michaela und meine Mama Traudl) die Schuhe gewechselt. Dann sind wir zum Brennermarkt, alles war riesig für uns. Kurz vor dem Nachhausegehn haben wir uns noch eine Brennerjause gholt, das war wie im Himmel, so super alles.

Das Leben am Brenner. Machen die Leute (Geschäftsleute) aus, aber wie überall auf der Welt ändert sich das auch hier.
Die Geschäfte von früher werden weniger und die Chefs von früher ändern sich (schade). Viele Leute arbeiten heute im DOB, haben geregelte Arbeitszeiten. Zurzeit sind viele von ihnen Einheimische, sodass sie das Flair vom alten Brenner etwas widerspiegeln.

Die Brenner-Grenze. Das war normal für uns, man musste sich Gedanken machen, wenn man was kaufen oder nur rüber wollte. Auf der Alm bin ich mit meiner Schwester natürlich einfach hin- und hergewandert. Außer einmal, da hatte ich mit 16 das erste Motorrad und kam beim Zurückfahren auf der Grenze von der Steinalm mit dem Reiter Albert, Zollwachechef für die Zöllner am Berg auf der österreichischen Seite, zusammen. Nach einer halbstündigen „Diskussion" durfte ich wieder ohne Pass zurück auf unsere Alm.

Mein Vater. Hat noch geschmuggelt, ab und zu Kälber, oder mal mitgeholfen dem „Fretscher"-Bauer auf Südtiroler Seite bei der Steinalm.
Sein größtes Erlebnis war, als ein korrupter Zollwachechef von Italien mit Südtiroler Viehhändlern die Tiere von der Sattelbergalm am Gipfel bei der Militärstraße zusammentrieben und von unseren Hirten und meinem Vater davon abgehalten wurden, sie zu verladen (die Glocken waren schon im Jeep der Zöllner verstaut).

Zöllner. Waren für uns immer die Österreicher, die Italiener haben wir auf der Alm nie gesehen.

Brenner heute. Ist ein Durchzugsort und für mich immer noch ein Ausflugszlel, da wir mit den Geschäftsleuten Bekanntschaften und Freundschaften haben. Egal wie der Ort aussieht, wir kommen sie gerne besuchen!

Luis Nagele, Sattelbergalm

Wegweiser am Brenner

Pia Andreatta

Ave Maria

Ave Maria flehe ich zwischen den Staaten. Es sind gerade noch 50 Rosenkranzperlen geschafft. 50 atemlose Ave Maria. Von den fünf möglichen Varianten der *Geheimnisse* ist die effektivste, der *schmerzreiche Rosenkranz* gewählt. Keiner wirkt wie dieser! *Der für uns die Dornenkrone getragen hat.*

13 bin ich oder 9 und davor 5. Schneegestöber am Brenner beschlagen die Fensterscheiben des Wagens und mein kindliches Mitgefühl ist bereit, in all die Richtungen zu verströmen. Die grau-grünen Lodenmäntel der Uniformierten an der Confine di stato: die werden kalt haben, die werden es schwierig haben, die werden missgelaunt sein und die werden diesmal Papa verhaften. Habe ich denn auch andächtig genug gebetet? Er darf nicht ins Gefängnis kommen.

Maria Muttergottes, du hast wohl schon verstanden, *zögere nicht deine Leid und deine Pein, das wird an mir doch nicht verloren sein.* Wie ging das nochmal, wie ist das gemeint? Zur Sühne und Abtragung der Schuld? Jetzt ist keine andere Zeit, als die, in der sich die Schatten niederwerfen.

Die Italiener sind nicht das Problem, sagt man, das kann also nicht der schwierige Teil sein, sondern die Österreicher. Ah, die schauen auch angespannter, angestrengter und stellen Fragen. Äpfel. Sagt er, der Papa. Äpfel. Diese entsetzlich geschmacklose, blass-gelbe Sorte, welche ein paar goldene Punkte auf der wachsigen Oberfläche hat. Äpfel, reihenweise im Kombi; Kombi sei besser wie Kofferraum. Nur ein paar Äpfel. Habe ich auch korrekt mein Mäntelchen darübergelegt? Diese blöden Äpfel sind doch eigentlich nur ein Vorwand, dafür müssen wir sie aber doch über Monate essen: Roh, Mus, Kompott.

Aber viel bedeutender, unter dem Mäntelchen, unter den Geschmacklosen, darunter liegt die Errettung der Welt, die Bekehrung Russlands, die Abwendung des Dritten Weltkrieges, die Hinwendung zu Umkehr, Opfer und Buße, die Frohe Botschaft: Die Marienstatuen, der Meerstern. Die kleinste: 12 cm, die nächste 18,5 cm, mit der einen bin ich auf Augenhöhe, die andere, die hat ein bisschen einen schiefen Mund. Und ich hab sie sagen hören, er sei etwas zu rot. Beten jetzt und weil ein

Kind das so gut kann: Mitgefühl verströmen zwischen den Grenzen, zwischen den Frauen, weil so heißt es im *fra le donne.*

Wenn es doch nur um diesen Brenner, diesen rein geografischen Brenner ginge und nicht um diesen biografischen: Ein Pass, der Geruch des Regens im Loden der Uniformierten, der Geruch der blöden Äpfel, weil das, was transportiert werden muss, ja geruchlos ist. Nicht aber die Furcht und Angst und auch nicht die Verströmung des Mitgefühls. Und ehe ich es mir versah, trafen die Schatten der Dornenkrone mein Gesicht – so wollte(n) es die *donne* – aber mein Blick heute sie.

PS: Deine Nase ist kaputt und das tut mir leid, es ist auch so, dass meine Nase mal kaputtging und seither auch nicht mehr so richtig ist. Darum versteh ich dich ein bisschen, weil der Schatten der Dornenkrone traf mein Gesicht. Aber, wenn ich dir die Nase lasse, kann ich dann mein Leben haben und vielleicht ein Rouge für die Lippen? Lass uns das an der Grenze zwischen den Frauen regeln. Komm schon.

Pia Andreatta, Absam

Madonna vor der St.-Valentins-Kirche am Brenner

Gerold Plank

Mein Vater im Zweiten Weltkrieg

Mein Vater, Ferdinand Plank, wurde am 27. Oktober 1914 auf einem Bergbauernhof in Brennerbad geboren und ist auch dort mit zwei Schwestern und zwei Brüdern aufgewachsen. Vor Beginn des Zweiten Weltkrieges wurde er vom italienischen Heer zum normalen Wehrdienst eingezogen. Nachdem er diesen abgedient hatte, arbeitete er beim Telegrafendienst. Seine Arbeit bestand darin, die wichtigen Fernleitungen für Telefon und Telegrafie zu warten. Diese liefen zum Teil auch über die Berge, z. B. über die Zirogeralm und das Schlüsseljoch ins Pfitschtal. Da das Funktionieren dieser Verbindungen von äußerster Wichtigkeit war, wurde er lange Zeit nicht zum Kriegsdienst einberufen. Als er aber aus sicherer Quelle erfuhr, dass nun aber seine Einberufung kurz bevorstand, nahm er eine Arbeit beim Telegrafendienst in Nürnberg an, um nicht in den Krieg ziehen zu müssen. Zeitweise arbeitete er auch in Berlin.

Als aber in Deutschland ebenfalls alle verfügbaren Männer zum Wehrdienst eingezogen wurden, musste auch er in den Krieg und kam an die Südfront nach Italien. Aufgrund seiner guten Italienischkenntnisse wurde ihm die Aufgabe zugeteilt, in den Dörfern Quartiere für seine Kompanie zu suchen. Er ging dann meistens zum Bürgermeister und versuchte einvernehmlich Unterkünfte für Offiziere, Soldaten und die Maultiere zu finden. Nur wenn der Bürgermeister uneinsichtig war, wurden die Quartiere einfach nach Gutdünken besetzt. Durch seine Sprachkenntnisse und sein Einfühlungsvermögen für beide Seiten gelang es ihm fast immer, die Quartiersuche im Guten zu regeln.

Da er bei der deutschen Wehrmacht dienen musste, kam er bei Kriegsende in amerikanische Kriegsgefangenschaft nach Livorno in der Toskana. Auch hier baute er bald einen regen Handel zwischen Amerikanern und Italienern auf. Laut seinen Erzählungen ging es ihm in dieser Zeit recht gut.

So hatte er sich mit dem Tankwagenfahrer, der das Wasser in das Gefangenenlager brachte, angefreundet. Nachdem er vorher seine Schwester Sophia von seiner geplanten Flucht in Kenntnis gesetzt hatte, gelang ihm in diesem leeren Lastwagen die Flucht aus dem Gefangenenlager. Seine Schwester Sophie fuhr daraufhin mit ihrem Ehemann Karl Kerschbaumer nach Livorno und holte ihn dort ab. Sie hatte auch zivile Kleidung für ihn mit dabei. Mit einem Taxi fuhren Sie bis Florenz und von dort nahmen sie einen Zug Richtung Heimat.

Vorsichtshalber machte er ca. eine Woche auf dem Ritten Halt, da die Carabinieri, die italienische Polizei, von seiner Flucht erfahren hatten und bei ihm zu Hause auf ihn warteten. Nach einer Woche auf dem Ritten überquerte er zu Fuß über die Berge den Brenner. Sicherheitshalber hatte er eine Seite Speck mit dabei und mit dieser erkaufte er sich beim französischen Kommando der Alliierten in Innsbruck den Entlassungsschein. Mit dem Entlassungsschein konnte er dann beruhigt nach Hause zurückkehren.

In dieser Zeit haben sich viele Lanzer der deutschen Wehrmacht zu Fuß von den Kriegsschauplätzen in Italien nach Hause aufgemacht. Vielen dieser Soldaten half er heimlich über die Brennergrenze, damit sie zu ihren Familien zurückkehren konnten. Seine Ortskenntnisse und sein Wissen um die Zeiten der Wachablöse der Grenzposten halfen ihm dabei sehr. Er machte dies immer unentgeltlich, um den Soldaten eine Heimkehr zu ihren Lieben zu ermöglichen.

Manchmal kamen aber auch Leute, die forderten, von ihm über die Grenze gebracht zu werden, da sie schließlich eine andere Person datur bezahlt hatten. Irgendein Schlaumeier hatte von seiner Hilfsbereitschaft Wind bekommen und nützte dies nun für seine Zwecke aus.

Gerold Plank, Gossensaß

Erinnerungen an seinen Vater

Marco Szedenik
Auch Goethe war am Brenner!

Er fuhr ab aus Karlsbad, frühmorgens, dort vieles fliehend, nicht ganz spontan, doch plötzlich ward der Zeitpunkt eingetreten. Fort, hinaus, dem Süden zu, Arkadien, ein Hinbewegen.
Erste Italienische Reise, Johann Wolfgang von Goethe, 1786–87?!

Am 14. März 2017 begaben sich gegen Mittag, von Hall in Tirol kommend, Othmar Kopp und Marco Szedenik auf den Brenner, um die Erinnerungstafel an die Überquerung des Brenners durch Goethe zu besichtigen, aber auch um die „Weltabformung Nr. 251" eben an jener durchzuführen, welchen Vorgang der Erstere fotografisch dokumentierte. *Italien 2017*

„Weltabformung Nr. 251", 14. März 2017, Brennero, Teil der rechten, unteren Eisenklammer und der Marmortafel, 19..? am ehemaligen Gasthof Post, wo Goethe damals nächtigte. *Siehe WA Photos Nr. 251*

Es war sehr kühl an jenem Orte, ... Zitat Goethe auf Tafel ...?!

Es war sehr kühl an jenem Tage, vereist des Eisacks Ursprungsquelle, kühl der Nordwind, hellblau und Weiß der Wolken, kontrastierend Firmamente, leicht diffus, die gleißende Helle, wärmend an windgeschützten Mauern lag. Hinab nach Gossensaß sodann, mehr Frühling ist hier, so scheint es, jedenfalls kein Regen, wie heute oben in Nordtirol. Hier, nebst andern mondänen Gebäuden, das ehemalig Grandhotel, im früher florierenden Kurbad und dann der „Steg der Blicke" Henrik Ibsens.

Kurzversion:
Goethe fuhr damals weiter, wir kehrten uns gegen Norden und fuhren wieder nach Hause, eben ein Tag auf dem Brenner.

Marco Szedenik, Axams

Weltabformung Nr. 351 an der Goethe-Tafel

Hermann Seiwald
Fastbrenner

Was nun, Brenner oder nicht?

„Erblich vorbelastet, junger Mann?" Das „Ja"
nach der Schrecksekunde gab den Weg frei –
ins Eisenbahnerleben.
Technischer Wagendienst, verantwortlich für
den sicheren Betrieb von Reisezugwagen und
Güterwagen.
Gefühlte Polizeifunktion für fast alles, was
auf ÖBB-Schienen rollt.

Viele Jahre auf Meereshöhe 570 den Dienst
versehen, dann, den höheren Weihen folgend,
auf 1358 m zur „Rollenden Landstraße" am
Brennersee. Weiterbildung.
Auftrag: technische Prüfung der Waggons
und sichere Verladung aller Arten von Last-
kraftwagen.
Praxis: absolute Teamarbeit, Genauigkeit,
Präzision am Huckepack.
Deuten, gestikulieren und auf den Zentimeter
genau am Niederflurwagen einweisen
Der Messstab als Hauptwerkzeug, der Tunnel
als brutales Limit.
Langsam vorfahren, bis die Räder in die richti-
gen Mulden rasten, handbreit links – Stopp.

Manchmal hässliche Geräusche – Unterbau
zu tief, Achslenker verbogen, fluchen.
Die Hand- oder Lichtzeichen als einziges
Kommunikationsmittel in der dieselgeschwän-
gerten Luft.

Sich irgendwie verständigen für die Sicher-
heit im Transport und Gleisbereich.
Verständnis suchen – im vielfältigen Univer-
sum der Mentalitäten und Emotionen.
Weinender Besitzer beim Anblick seines aus-
gebrannten Führerhauses.
Lachende und gut gelaunte Trucker, oftmals
mit Begleitung.
Meist stoische, schweigende Fahrer, übermü-
det, hungrig.
Etwas bevorzugt – weibliche Lenkerinnen.
Eine willkommene Rarität in dieser Männer-
welt.
Überraschte Fahrer, noch in Sandalen, hier
oben im Oktoberschnee vorsichtig stapfend.
Schimpfende ungeduldige Gestalten, wider-
willig unseren Aufforderungen folgend.
„Ti faccio la barba, ma senza sapone!" als
lautstarke Reaktion in nasskalter Nacht.
Europas Völkervielfalt, komprimiert im Fahrer-

begleitwaggon – Albaner, Bulgaren, Deutsche,
Griechen, Italiener, Litauer, Polen, Südtiroler,
Türken … auch im Kleinen nicht immer kon-
fliktfrei.

Manchmal, in den Tagespausen und bewaff-
net mit Funkgeräten, ein Abstecher zum
Kollegen im Bahnhof Brenner(o).
Ein bis zwei Cappuccini, kleiner Einkauf, dann
ca. 1 km wieder zurück zu unserer Arbeitsstelle Brennersee.
Dieses „Fastbrenner" verhindert einige Hundert Schilling an Auslandszulage.
Pech gehabt, vielleicht später einmal.
Die Unberechenbarkeit der Schichten als
sichere Konstante, dem launischen Brenner-
wetter ausgeliefert, in einem eigentlich toten
Bahnhof, belebt nur noch von den Mitarbei-
tern.
Das historische Gebäude, verkümmert,
entseelt – reduziert auf ein Büro mit Aufent-
haltsraum.

Auch das war der Brenner – wenn auch nur
fast.

Hermann Seiwald, Absam

LKW-Verladestation Brennersee

Heidi Schleich

Flucht kommt von Fliehen

Auch wenn die Flucht lautlich, klanglich und vermutlich auch körperlich mehr mit Fluch zu tun hat, kommt dieses Wort eindeutig von FLIEHEN!
Fliehen, weil das Leben von Gewalt, Krieg und widrigsten Umständen bedroht wird. Heimat, Familie, Freundinnen und Freunde verlassen, um irgendwie ein Leben zu retten. Für die Flucht unvorstellbar viel Geld bezahlen, unter unvorstellbaren Bedingungen durch zahlreiche fremde Länder fahren, gehen, laufen, um dann unter unvorstellbarer Lebensgefahr in einem Boot, das diesen Namen vielleicht nicht verdient, über ein unvorstellbar großes Meer zu treiben mit unvorstellbar großer Angst.

Plötzlich werden diese Menschen am Brenner sichtbar. Im Zug, wenn nebenan eine Schaffnerin oder ein Schaffner streng, laut und in telegrammartigem Stil „Ticket?", „Passport?" fragt und „Polizei!" androht.
Bei der nächsten Haltestelle tatsächlich Polizeibeamte einsteigen und die Flüchtlinge abführen. Das ist Grenze!

Was sich nach dem Schengen-Abkommen wirklich sehr schnell in den Alltag der EU-BürgerInnen eingenistet hat, war das Gefühl der Freiheit beim Übertritt einer früheren Grenze. Niemals vermisse ich auf der Brennerautobahn die Grenzkontrolle, freue mich einige Zeit über das Nicht-Reisepass-Zeigen, würdige die ehemalige Grenze mit einem unverständlichen Tempolimit 60 und schon bald verblasst die Erinnerung an das Kolonnenfahren an Grenzen.

Die Flüchtlinge im Zug über den Brennerpass, auf der Reise nach Europa, wo auch immer das sein kann, zeigen plötzlich wieder eine überwunden geglaubte Grenze auf.
Europa zieht die Grenzzäune hoch, um sich zu schützen! Schützen vor schutzsuchenden Menschen? Flüchtlinge, fliehende Menschen brauchen Schutz, Hilfe und Frieden – wie wir alle!

Und noch ein Gedanke beim Überqueren des Brenners – auf der Reise in den Süden, an das nahegelegene, schnell erreichbare und geliebte Mittelmeer. Es ist nicht ganz einfach, am Strand zu liegen, die Seele baumeln zu lassen und nicht an die vielen Toten am Meeresgrund zu denken. Ein schmerzhafter, bitterer Nachgeschmack!

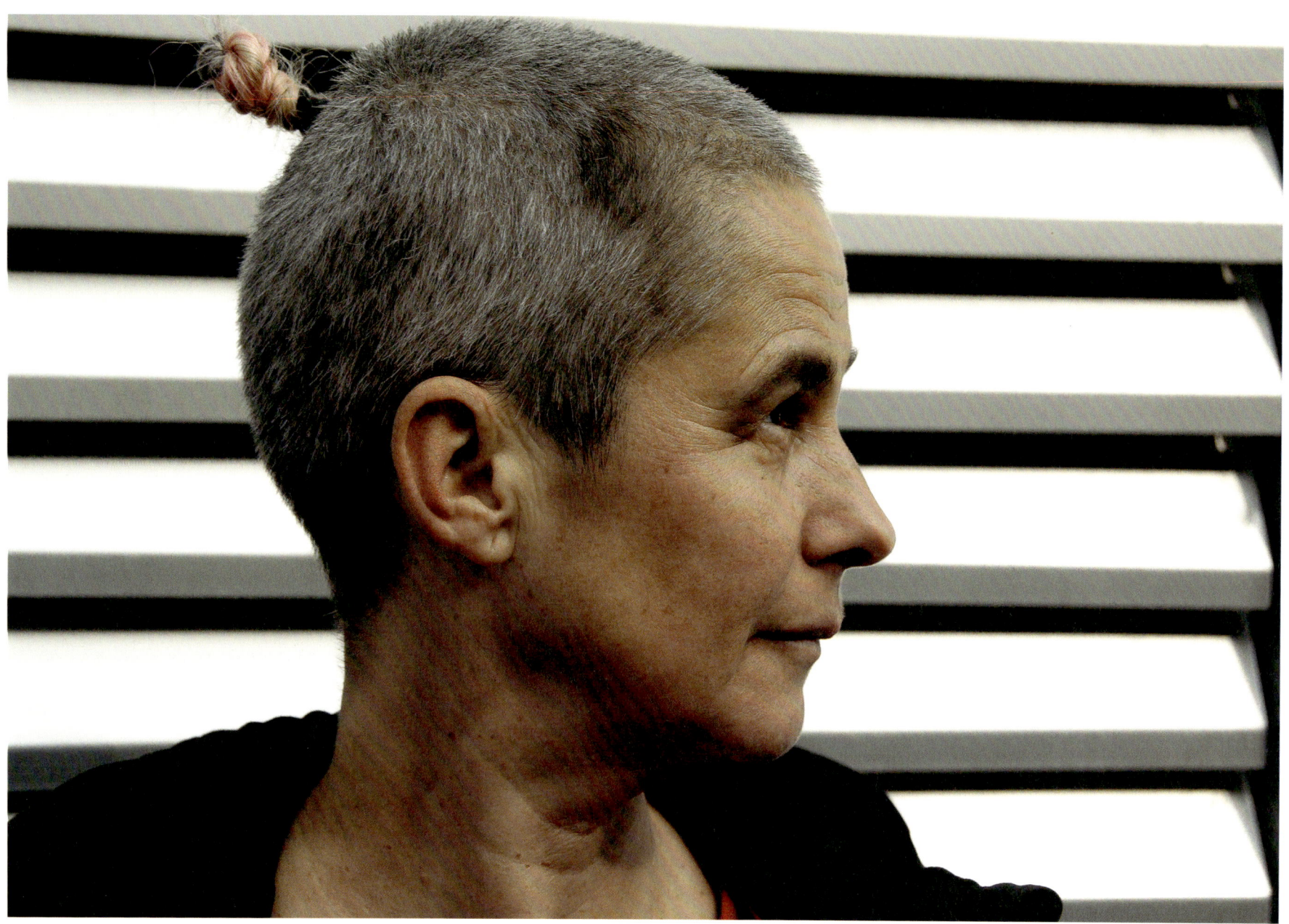

Heidi Schleich, Innsbruck

Polizeiaufgebot bei einer Demonstration am Brenner 2016

Sarah Enodeh

Passaporto

Sarah im Gespräch mit Othmar:

Wo bist du geboren?
Sezze (LT) Italien, ca. 100 km südlich von Rom.

Wer sind deine Eltern?
Meine Mutter, Italienerin, ist Künstlerin, Siebdruckerin, lebt in Italien.
Mein Vater ist Afro-Italiener, studierte an der Akademie für bildende Kunst, ist Golflehrer und Friseur.

Wie haben sich deine Eltern kennengelernt?
Während der Kunstausbildung.

Wie gestaltete sich deine Jugend?
Meine Teenagerzeit war sehr spannend, intensiv und lustig, obwohl Rassismus und Diskriminierung schon immer ein Thema für mich waren.
Zwischen 13 und 18 Jahren war ich in Kunstausbildung mit Schwerpunkt Textil, Mode und Druckgrafik.

Warum bist du nach Innsbruck gekommen?
Vor allem wegen des Architekturstudiums und der Lust, Neues zu erleben. Ich kenne Innsbruck schon lange, mein Vater lebt seit 25 Jahren hier.
Mit meinem Vater bin ich oft gereist, auch als es noch Polizeikontrollen gegeben hat. An den Grenzen wurden wir meistens angehalten und genau kontrolliert.

Wirst du an den Grenzen immer kontrolliert? Glaubst du, dass deine Hautfarbe ein Grund ist?

Ich kann mich noch erinnern, als ich das erste Mal mit meinem Vater nach Österreich kam, ich war 10 Jahre alt. Wir wurden angehalten und von 2 Grenzpolizisten genau überprüft, die Reisepässe waren nicht genug, wir sollten auch eine gültige Aufenthaltsgenehmigung vorlegen. Mein Papa kannte das schon, mit einem Lachen erkundigte er sich nach den Dienstnummern der Polizisten.
Mehr als 20 Jahre sind nun vergangen. Ich werde immer genauer kontrolliert als Weiße, die Frage nach meiner Aufenthaltsgenehmigung wird nun nicht mehr gestellt. Trotzdem, die Frage nach meiner Identität ist Standard. Meine Hautfarbe hat immer schon und spielt immer noch eine maßgebliche Rolle. Das ärgert mich sehr.

Sarah Enodeh, Innsbruck

Sarah und ihr Pass

Bgm. Franz Kompatscher
Der Brenner lebt!

Brenner – ein Ort, der Geschichte schrieb, schreibt und erlebt. Die moderne Betriebsamkeit auf Straße und Bahn lässt die Geschichte der Säumer und Fuhrwerke, der Kaiserzüge, der Postkutschen, der großen Geister – getrieben von brennender Sehnsucht nach dem Süden – nur erahnen und doch scheint sie erst seit gestern verschwunden zu sein.

Der Brenner, ein Ort der Trennung, des Leidens und doch der Verbindung, ein Grenzort, der die Grenzen verwischt hat, der Kulturen eint, Völker verbindet, an eine bessere Welt glauben lässt.

Das Barometer Europas!

Der Brenner – ein Pass. Ein Pass, der Menschen verbindet, dann plötzlich trennt, aufhält …

Kulturen, die sich begegnen, verstehen, aufeinander zugehen, sich meiden …

Menschen, die müde den Pass bezwingen, rasten; andere, die vorbeihasten, rasen, keine Zeit für den Brenner finden; wiederum andere, die flanieren, der italienischen Trink- und Esskultur frönen, shoppen.

Der Brenner am Tag die Welt, des Nachts ein normales Dorf.

Der Brenner ist Vielfalt!

Kirchen, europäische Kultur, Künstler, … ein Hauch von Weltoffenheit … Aufstreben und Dekadenz.

Der Brenner lebt!

Bgm. Franz Kompatscher, Gossensaß

Pace

Schlussbemerkung

Eine Nostalgiereise auf den Brenner am Todestag meiner Mutter (unvergesslich ihre Vorliebe für Anguilotti / Aale, Kanalfische, die man nur am Brenner kredenzt bekam).
Dieser 22. 01. 2015 war der „Geburtstag" meines Brennerprojektes!

Ich wollte das Leben, den Ort, die Landschaft und die Geschichte dieses politisch und geschichtlich bedeutungsschwangeren Passes aus meiner persönlichen fotografischen Sichtweise darstellen.
Zwei Jahre Brennerbesuche mit Recherchen, Auseinandersetzung mit Geschichte und Wandel des Grenzortes, interessante Begegnungen am und rund um den Brenner und meine persönliche Beziehung zu diesem Ort, ließen diese Grenzbetrachtung „Brenner.o" in Bildern wachsen und entstehen.

Ich wollte meine Frage klären: „Welchen Reiz, welche Anziehungskraft und welche Erinnerungen verbinden Menschen mit dem Brenner?"
Dieser Frage entsprang die Idee: Menschen und deren persönliche Bezugsgeschichten zum Brenner fotografisch in 27 „Geschichten über die Grenze" umzusetzen.

Mein Dank gilt allen Menschen, die zur Entstehung dieses Buches beigetragen haben!

unter anderem:
den 25 mitgereisten Personen aus Nord- und Südtirol für ihre Begeisterung und ihre persönlichen Geschichten zum Brenner.
Robert Amort für seine freundschaftliche Betreuung und sein profundes Wissen rund um den Brenner.
Josef Sieß für die Unterstützung der ersten öffentlichen Präsentation im Medienzentrum Hofburg. („Vorschau Brenner" 2016)
Meiner lieben Freundin Gabriele Lackinger, die mich während des gesamten Brenner-Projektes intensiv begleitet, beraten und unterstützt hat.

Der Kulturabteilung der Stadt Innsbruck
und der Kulturabteilung des Landes Tirol
danke ich für die Unterstützung meiner Vorschau „Brenner.o".

Othmar Kopp

OTHMAR KOPP, geboren 1953 in Innsbruck, lebt und arbeitet in Innsbruck. Absolvent der Meisterklasse für Fotografie an der Grafischen Wien. Ausstellungen im In- und Ausland. Zahlreiche Veröffentlichungen in Büchern und Kunstkatalogen.

KURT LANTHALER, geboren 1960 in Bozen, Autor zahlreicher Erzählungen, Theaterstücke, Drehbücher und Kurzgeschichten, Gründungsmitglied der Südtiroler Autorenvereinigung. Kurt Lanthaler hat sich in etlichen Kunstprojekten mit dem Brenner und seiner Geschichte beschäftigt.

Akademische Titel der Mitgereisten

Seite 130: **Dr.** Manfred Breitenlechner

Seite 166: **Dr.** Paul Fülöp

Seite 178: **Mag.** Alex Legniti

Seite 186: **Mag.ª Dr.ⁱⁿ** Herlinde Molling

Seite 202: **Assoz. Prof.ⁱⁿ Dr.ⁱⁿ** Pia Andreatta

Seite 210: **Mag. art.** Marco Szedenik

Seite 218: **Mag.ª** Heidi Schleich

Seite 226: **Bgm. Dr.** Franz Kompatscher

Gefördert von   Deutsche Kultur

Die Drucklegung dieses Werkes wurde unterstützt durch die Abteilung Kultur im Amt der Tiroler Landesregierung, die Südtiroler Landesregierung/Abteilung Deutsche Kultur sowie die Stadt Innsbruck.

2018

© Verlagsanstalt Tyrolia, Innsbruck

Umschlaggestaltung: Roberto Baldissera

Layout und digitale Gestaltung: Tyrolia-Verlag

Alle Bilder © Othmar Kopp

Druck und Bindung: Gorenjski-Tisk, Slowenien

ISBN (Tyrolia) 978-3-7022-3672-4
E-Mail: buchverlag@tyrolia.at
Internet: www.tyrolia-verlag.at

ISBN (Athesia) 978-88-6839-339-7
E-Mail: buchverlag@athesia.it
Internet: www.athesiabuch.it